社群
运营与营销
一本通

郭相臣 著

北京联合出版公司
Beijing United Publishing Co.,Ltd.

图书在版编目（CIP）数据

社群运营与营销一本通 / 郭相臣著 . -- 北京 : 北京联合出版公司 , 2022.4（2023.11 重印）

ISBN 978-7-5596-5974-3

Ⅰ . ①社… Ⅱ . ①郭… Ⅲ . ①网络营销 Ⅳ . ① F713.365.2

中国版本图书馆 CIP 数据核字（2022）第 024172 号

社群运营与营销一本通

著　　者：郭相臣
出 品 人：赵红仕
责任编辑：徐　樟
封面设计：韩　立
内文排版：吴秀侠

北京联合出版公司出版
（北京市西城区德外大街 83 号楼 9 层　100088）
河北松源印刷有限公司印刷　新华书店经销
字数 170 千字　880 毫米 × 1230 毫米　1/32　8 印张
2022 年 4 月第 1 版　2023 年 11 月第 2 次印刷
ISBN 978-7-5596-5974-3
定价：38.00 元

　　社群，是一群拥有相同价值取向和兴趣爱好的人聚集在一起，进行交流、讨论和互动，形成的独特交流圈。

　　随着互联网的快速发展，流量红利逐渐消失，获取流量的成本越来越高，社群成为企业、商家和创业者重点关注的新的流量池。在社群中，用户的轨迹不再是单向的，而是形成了回路。在人际关系的黏附下，流量具备了信任的势能。因此，社群营销获取的用户具有很高的精准性和忠实性，让变现变得更加容易。

　　运营社群的前提是你必须拥有一个社群。从无到有搭建社群，涉及的工作有很多，比如"明确社群定位""选择搭载社群的平台""设定社群规则"……搭建一个功能、规则完善的社群，为社群运营奠定坚实的基础。

　　社群框架搭建成功后，运营者接下来就是通过各种引流和裂变方法，持续吸引用户进群，让社群真正活起来。越是成功的社群，用户越多。能否让用户长久地留在社群中，是社群运营的关键。我们将用户引流到社群后，并不意味着运营成功。用户是多变的，随时可能因为一点不满而离开社群。

一个没有人发言的社群，只会走向死亡。促活社群非常重要，这决定了社群的变现能力。运营社群的最终目的，就是为了变现。我们想要通过社群进行变现，必须找到适合社群的变现方式，抓住用户的消费心理，让他们心甘情愿地为产品埋单。社群的寿命有长有短，若你做不好优化工作，社群可能很快就会走向灭亡，让之前的努力全都白费。

本书不仅拥有丰富的理论知识，还运用了大量的实战案例，图文并茂地向读者呈现了一个完整的社群营销模式。不论你是企业管理者、创业者，还是普通营销人员，只要你对社群营销有兴趣，想要了解社群营销，都可以从本书中获得实际指导。

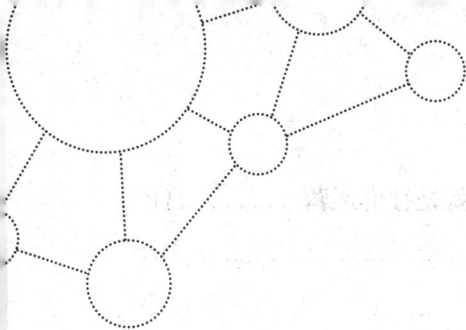

目录

01 入门：开始就要规避的社群认知误区

02 搭建：从 0 到 1 建社群

03 / 引流和裂变：教你疯狂吸粉

05 促活：有趣有料的价值输出

06 变现：让你玩"赚"社群

07 升级：优化延长社群的生命周期

01

入门：
开始就要规避的
社群认知误区

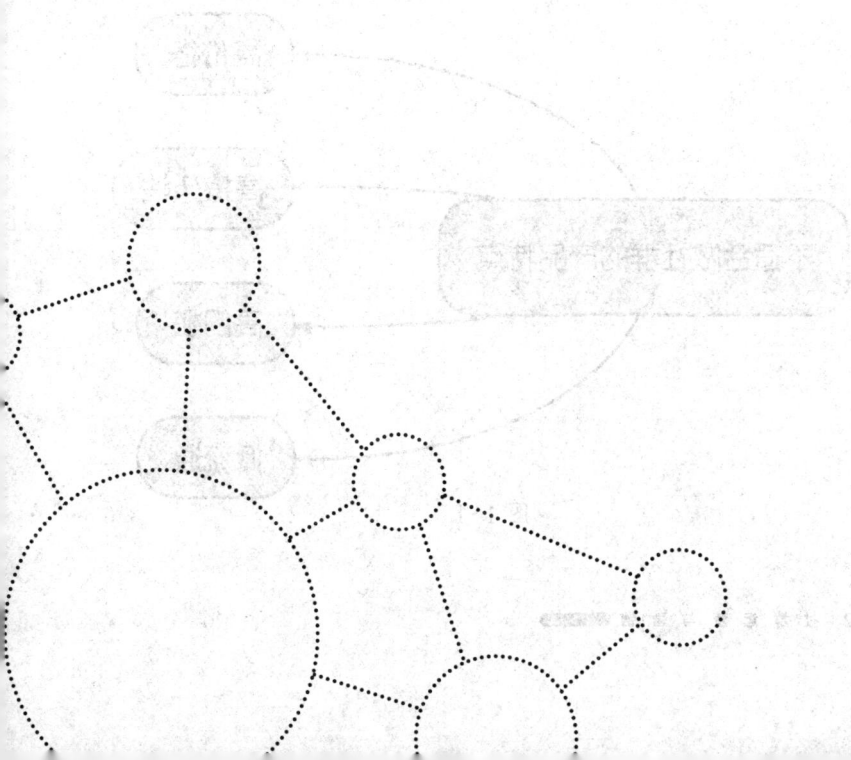

1. 误区①：万物皆可做社群

产品，是一个社群的凝聚力。在大多数人的认知中，只要建立了社群，无论什么产品都可以卖出去。但这种认知是错误的，并不是所有的产品都适合做社群。

¤ 不适合做社群的产品 ¤

不适合做社群的产品，一般具有"三高一低"的特点，如图1-1所示。

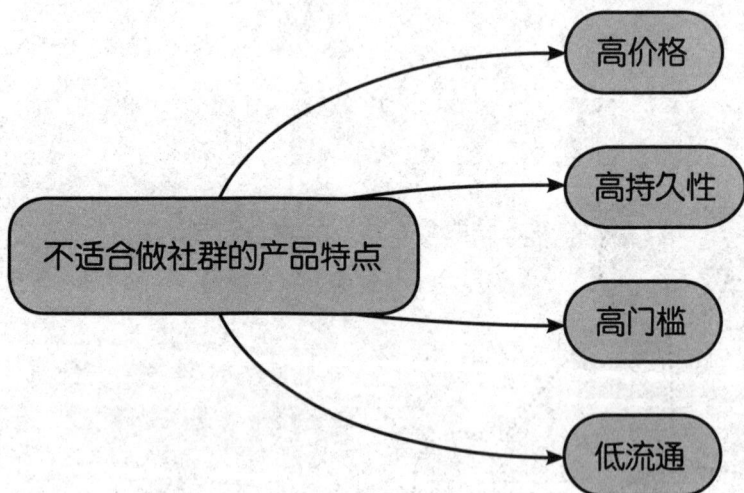

高价格

高持久性

不适合做社群的产品特点

高门槛

低流通

图 1-1

1. 高价格

产品的价格越高，意味着用户行动的成本越高。当运营者给予的理由不足以激发用户的购买欲望时，社群将无法运营下去。

例如，你运营的产品是汽车。生活中购买一辆汽车的价格，少则三四万，多则几十万。对于大多数用户而言，这并不是一笔小数目。没有经过实际考察，他们很难在短时间内决定直接在线上购买。

2. 高持久性

产品的持久性越高，意味着用户的购买频率越低，会直接降低社群的活跃度，增加社群的运营成本。

例如，你运营的产品是钻石。我们常说："钻石恒永久，一颗永流传。"生活中，人们可能只会在结婚时购买一次钻石首饰。而且，钻石的硬度高，不容易损坏，大大降低了用户的复购率。

3. 高门槛

产品的门槛越高，意味着被社群拒之门外的用户越多。精准用户定位在某一小众群体时，就会大大减少社群的用户基数。运营一个社群时，投入的成本一定，社群的用户基数越小，平均到每个用户上的成本越高。

例如，你运营的产品是某种技术服务，那你的目标用户就是需要这种技术服务的特定人群。不需要这项服务的用户不会入群。

高门槛的社群，虽然用户转化率比较高，但是会增加运营者寻找目标用户的难度，提高运营成本。因此，这种产品并不适合做社群。

4. 低流通

产品的流通度越低，意味着用户对产品的认知度和需求度越低，社群的运营成本就会越高。

例如，你运营的产品是书法字画，并不是用户日常生活所需，而且，人们对书法字画作者的知名度要求比较高，运营者需要投入更多的时间成本获取用户的信任。

运营社群时，一定要规避上面四个特性，才能选择一种合适的产品。

¤ 适合做社群的产品 ¤

适合做社群的产品，一般具有四个特点，如图 1-2 所示。

1. 周期短

周期短，是指产品使用周期短，人们需要多次复购。这类产品有食物、衣服、卫生用品等。对于这一类产品，用户拥有源源不断的复购需求，价格一般在用户的承受范围内，用户的购买意愿比较高。

例如，你运营的产品是新鲜蔬菜水果，是人们日常生活中所需要的且消耗后就没有的产品，运营者可以源源不断地收到用户的订单，实现盈利目的。

日销产品优势大，易于运营者维护社群。正因如此，运营者的竞争压力会很大，需要找到产品的差异化和用户需求点，提高用户转化率。

2. 利润高

利润高，是指产品成本低、售价高，可以为运营者带来高利润。这类产品有虚拟产品等。虚拟产品是一种互联网产物，通常成本比较低，非常适合线上运营。

3. 地域限制

地域限制，是指产品具有很强的地域性。比如社群拼购，某一地域的用户进入社群后，可以参与团购，低于原价购买产品，用户黏性转化率都非常高。

或者，你运营的产品具有非常明显的地域特色。用户为了买

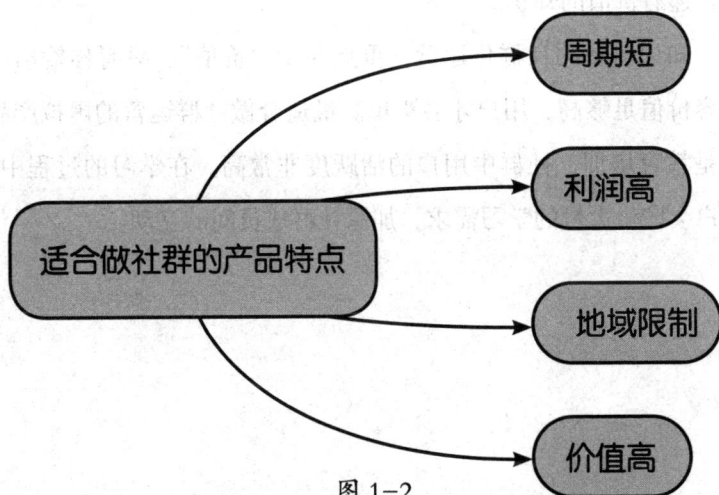

适合做社群的产品特点 → 周期短
适合做社群的产品特点 → 利润高
适合做社群的产品特点 → 地域限制
适合做社群的产品特点 → 价值高

图 1-2

到正宗的产品，就会进入你的社群。他们对产品质量满意后，便会成为社群的忠实用户，不断回购产品。

4. 价值高

价值高，是指产品的成本或许不高，但是用户所急需的，且具有非常高的价值，如知识付费。这类产品，主要以输出有价值的内容为主，通过社群运营不断增加用户。

罗振宇的《罗辑思维》，就是一个非常成功的知识型社群产品。《罗辑思维》的内容质量非常高，吸引了第一批粉丝，建立了社群的基础。然后通过输出高质量内容和建立丰富的社群场景，不断吸引用户，现在已有2000多万的用户。

知识付费，已经成为一种时代发展趋势。人们不断渴望知识，并产生了付费意识。运营者可以选择自己擅长的专业，向用户传递有价值的知识。

知识付费的社群化运营，重点在于"价值"。只有你输出的内容价值足够高，用户才会买单。最适合做社群运营的虚拟产品就是教育培训，社群中用户的活跃度非常高。在学习的过程中，用户会产生大量的学习需求，加深社群成员间的互动。

2. 误区②：建个微信群就是社群

> 对于社群，很多人的想法还处在"建立社群的方法，就是建一个微信群"上。但是，微信群并不等于社群。

¤ 社群和一群人的区别 ¤

互联网的快速发展，让微信成为人们生活中必备的社交工具。提到社群，很多人就下意识地认为是建立一个微信群。接下来的操作就是群选微信好友，将所有人拉入一个群里，就认为社群建立成功了。

这种认知是错误的。社群虽然为一群人的聚集，但一群人聚集在一个群中，并不意味这个群就是社群。很多人建立微信群是为了方便聊天，如老乡群、同学群、同事群等，主要以交流娱乐为主。

社群，是一群人有目的地聚集。这种目的可以是某种兴趣、某个产品或某个崇拜的对象。我们不妨举个简单的例子来帮助理解。

你喜欢某个明星，然后加入了他的粉丝群，参加他的应援，分享交流他的各种信息。那这个粉丝群就是一个社群。在火车车厢中也聚集着一群人，但是我们不能说这节火车车厢是一个社群。

微信群只是社群的一种体现形式，借助微信工具，为社群成员提供一个方便交流的平台。运营者在建立社群时，需要将拥有同样兴趣、价值观或信仰的用户聚集在一起。

¤ 社群的实质 ¤

社群的实质，是一种社会关系。社群具有下面三个明显的特点，如表1-1所示。

表1-1

社群的特点	内容
超级联结	社群中，成员与成员之间有着密切的联系。每个人都可以充分展示自己，打破信息的不对称，增加彼此联结的机会。有共同志趣或潜在双赢的人，就会自动联结
超级个体	超级个体，指那些具有强大的个人魅力的成员。他们身上具备值得其他人学习的品质，能够增强社群的活力与凝聚力，是社群的核心联结点
相同兴趣／目的	拥有相同的兴趣／目的，是判定社群的关键。拥有相同兴趣的人更容易形成联结

建立一个社群的目的，是将具有共同需求、爱好的人聚集在一起，最后实现社群共赢。在社群中，成员具有一致的群体意识、行为规范和行动能力，如图 1-3 所示。

图 1-3

运营者想要将"一群人"转变为社群，就需要根据社群的特点，在群中建立多维度等价联结机制，加深成员之间的联系。群中成员的联结维度越丰富，就会越稳定，最终转化为一个真正的社群。

3. 误区③：无门槛，社群人数越多越好

很多人将"社群用户基数"与"收入"画了等号，认为社群用户基数越大，收入越多，于是在运营社群时，就会致力于加人。最后发现，用户数量多了，但社群活跃度和收入依然很低。因此，运营社群，设置门槛是非常必要的。

¤ 设置门槛的原因 ¤

很多运营者喜欢用"免费进群"来吸引用户，但这对于社群的运营没有任何好处。

1. 社群无门槛的劣势

社群没有门槛，意味着无论什么人都可以进群，运营者根本无法对社群成员的素质进行筛选。进群的用户，有的在发广告，有的会骂人，有的发各种色情、诈骗信息……社群的用户基数越大，越难以管理。

社群的价值，在于提取群中的各种信息。当社群混乱到运营者无法有效提取群员信息时，这个社群就失去了存在的意义。而且，社群成员混杂还会提高运营者的管理难度，最终失去主动权。

很多时候，"无门槛"是最大的门槛。一个没有门槛的社群，实际上就是一个临时的人群聚合点，成员无法对社群形成某种一致性的认同感。运营者不能沉淀有效成员，社群就只能走向解散。

2. 社群设置门槛的优势 ....

社群设置门槛的优势有三个，如图 1-4 所示。

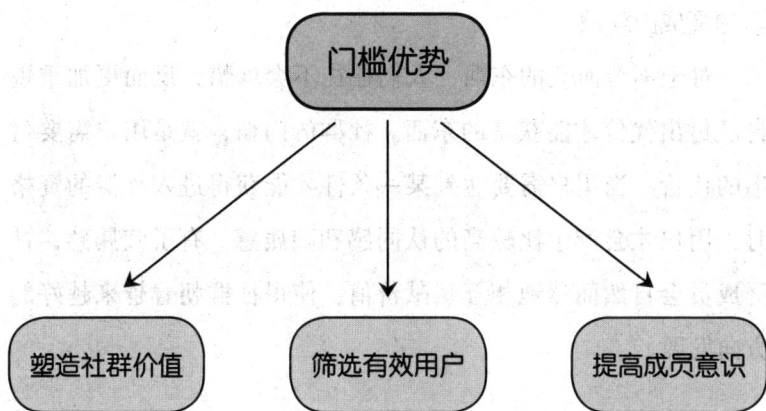

```
            ┌──────────┐
            │ 门槛优势  │
            └──────────┘
         ╱        │        ╲
┌────────────┐ ┌────────────┐ ┌────────────┐
│ 塑造社群价值 │ │ 筛选有效用户 │ │ 提高成员意识 │
└────────────┘ └────────────┘ └────────────┘
```

图 1-4

① 塑造社群价值

运营社群时，首先你要塑造社群的价值，然后才能吸引感兴趣的用户入群。门槛，就是向用户体现社群价值的载体。通过门槛，运营者向用户传达"我的社群里有你需要的信息，但信息不是免费的"，从而提高社群在用户心中的价值。

② 筛选有效用户

设置门槛，可以定位群员下限，将不愿付费、低标准的用户筛选出去。社群设置门槛，并不会流失用户，反而会提高用户对社群的黏性。在一个社群中，有效用户越多，社群活跃度越高，成员获得的有效信息越丰富。

社群不设置门槛，低质量的新成员会不断涌入，出现"劣币驱赶良币"的现象，导致大量高质量成员流失，最终彻底失去社群的价值。

③提高成员意识

对于不劳而获的东西，人们往往不会珍惜，反而更加重视自己付出代价才能获得的东西。社群的门槛，就是用户需要付出的代价。当用户需要达到某一条件才能获得进入社群的资格时，用户才会产生比较高的认同感和归属感。有了归属感，社群成员会自然而然地相互贡献价值，使得社群朝着越来越好的方向发展。

¤ 设置门槛的标准 ¤

运营者在设定社群的门槛时，需要制定明确的标准，让用户在第一时间弄明白进群的条件。下面，我们来看一下门槛的制定方法和标准有哪些，如表 1-2 所示。

表 1-2

方法	内容	优/缺点	适合群类型	注意
收费	收费分为两种：入门费和会员制 入门费：用户缴纳99元或购买产品，才能入群 会员制：缴纳会费，成为会员才可入群	优点：简单方便，用户只需支付即可。前期帮助运营者吸纳资金 缺点：有的用户可能会觉得费用太高，而拒绝入群	知识型社群 产品VIP会员群	设定会费时，不要太高，避免超出用户的预期，尽量保持在399以内
做任务	答题、填写问卷、邀请三人、转发内容获赞等	优点：门槛低，无须实际支出，用户容易接受 缺点：比较烦琐	品牌型社群 兴趣型社群	任务设置需和产品相关，不要太过烦琐，使用户产生逆反心理
邀请码	发送邀请码，用户只有填写邀请码，才能入群	优点：提高成员质量，节约筛选成本 缺点：容易错失用户	创业型社群	邀请码要充足
身份审核	用户提交入群申请后，需经过运营者审核，审核通过后方可入群	优点：可获得成员核心数据，形成经营圈子 缺点：提高门槛，增加运营者工作	资源交流型群	审核要及时，避免让用户长时间等待

¤ 设置门槛的高低 ¤

运营者需要根据社群所能提高的价值，来设置门槛的高低。门槛有低级和高级之分。

1. 低级门槛

低级门槛多体现为任务门槛，无须用户支付额外的费用，例如会员福利群。

目的：为了向粉丝发放福利，提高粉丝黏性。

要求：购买或转发过产品，可以获得进群资格。

2. 高级门槛

高级门槛，多指收费社群，运营者提供的信息价值高，比较宝贵，可以设置高收费门槛。

目的：精准筛选高质量用户，确保入群的成员都是有需求的。

要求：缴纳一定额度的费用。

在设置高级门槛时，运营者一定要确保可以为成员提供超值服务。若是信息价值太低，会引起成员不满、退群和在社群中发布不和谐信息。

4. 误区④：社群活跃度越强越好

社群活跃度越强，转化效果越好，这是很多运营者的想法。但很多时候，社群越活跃，转化效果越差。

¤ 社群活跃与转化的关系 ¤

在社群中，活跃度与转化并不是绝对的正比关系。一般存在三种情况：活跃度高，转化低；活跃度低，转化低；活跃度低，转化高。

1.活跃度高，转化低

随着群成员的增加，社群信息量不断增长，达到峰值后，人均信息量会快速下降，如图1-5所示。

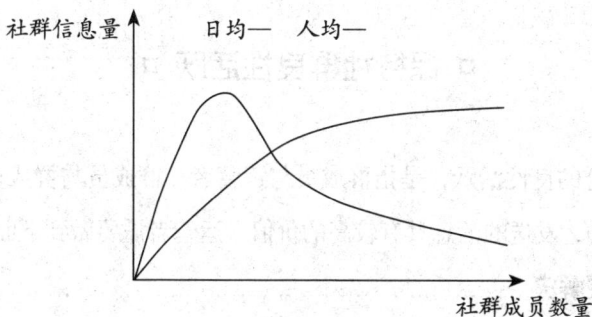

图 1-5

这是因为在群中活跃的成员多在灌水、闲聊，这样的人热衷于聊天，并不会购买产品，对于转化没有任何帮助。所以，就会导致社群看着活跃度很高，但是转化很低的现象出现。

2. 活跃度低，转化低

社群活跃度低，运营者在群中发一个公告或活动，半天也无人回复。运营者为了活跃气氛，在群中发送红包，群员领取红包后，立马就沉寂了。活跃度如此低，群员对社群的归属感也低，转化效果自然不好。

3. 活跃度低，转化高

社群活跃度低，但是转化效果好，意味着前期运营者与群员之间建立了良好的联结，群员对产品的认可度比较高，愿意购买产品。

想要实现这种效果，运营者必须建立一个拥有良性活跃度的社群。

¤ 保持社群良性活跃 ¤

社群的良性活跃，是指群成员与运营者、群成员与群成员可以积极互动，发送的消息具有较高的价值。运营者需要做到下面三点：

1. 问题要解决

当群成员遇到问题时，运营者需要及时给出解决办法。只有这样，才能让群成员感受到社群的价值，增加对社群的归属感，积极参与到社群活动中去。

2. 行为有原则

在交流时，运营者要以身作则，带给用户良好的体验。运营者不要去灌水闲聊，尽量发送有价值的信息，为用户树立榜样。若是运营者自身喜欢灌水闲聊，就会带动整个社群日渐趋向平庸，形成恶性循环，如图1-6所示。除此之外，运营者不可以与群成员发生冲突，更不要主动骂人，给群成员留下一个不好的印象。

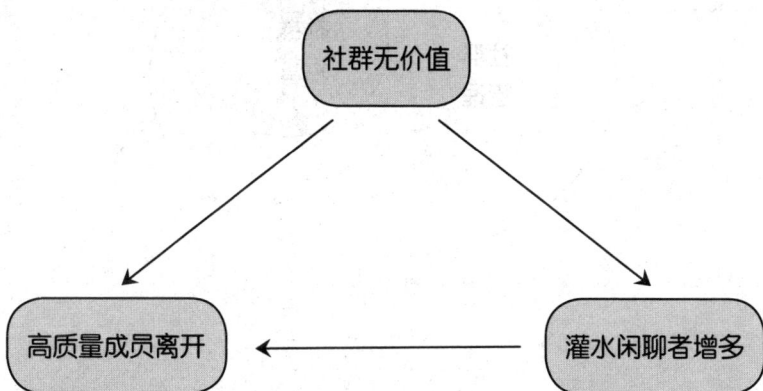

图 1-6

3. 资源要共享

在社群中，存在"共享经济"，即群成员各自以不同的方式付出和获益，公平享受社群资源，共同获得经济红利。群成员只有在能获取利益时，才会在群中积极发言，保持社群的高活跃度。

5. 误区⑤：社群管理就是社群运营

说到社群管理，很多人认为就是社群运营。这种认知是错误的，二者是包含关系，如图 1-7 所示。

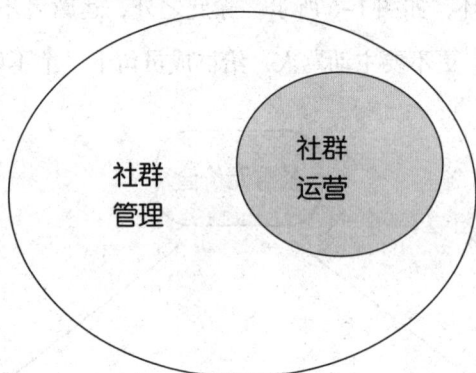

图 1-7

¤ 什么是社群管理 ¤

社群管理，从字面上去理解，就是去管理一个社群。这其中包含多方面内容，如社群建立、产品选择、用户筛选、社群运营和社群维护等，如图 1-8 所示。

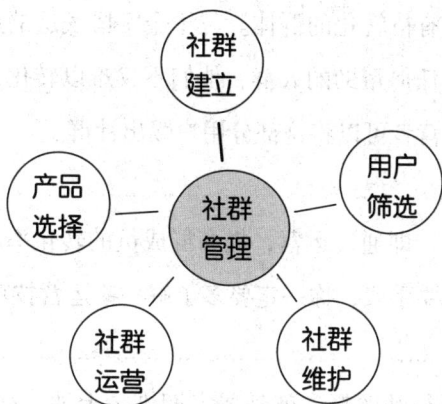

图 1-8

1. 社群建立

建立社群，是最基础的工作。运营者只有建立好社群后，才能进行后面的工作。在建立社群时，运营者需要考虑平台的选择，选择一个用户多、受众广的平台，可以让后续工作进行得更加顺利。

2. 产品选择

产品是一个社群的核心。只有选择一个好的产品，才能将用户留下来。选择产品时，运营者需要考虑自身资源和用户需求，做自己擅长的项目。

3. 用户筛选

用户进群后，运营者需要对其进行分级。整个社群的用户可以看作是一个金字塔，位于最上方的用户，就是运营者需要精心维护的核心用户，也是活跃社群的主要人群。位于金字塔中间部分的用户，是有待转化的群体。位于金字塔底层的用户，则是对社群发展没有任何帮助的人群，他们不仅难以转化，而且喜欢闲聊、灌水。运营者可以将这部分用户踢出社群。

4. 社群运营

社群运营，即通过运营，提高群成员的转化率。社群运营是实现变现的重要手段，你一定要多了解一些运营技巧。

5. 社群维护

汽车想要行驶顺畅，就需要定期维护上油，社群也是如此。社群维护，是保持整个社群积极健康发展的重要法宝。运营者需要根据社群成员数量来确定是否需要管理员。

¤ 社群运营包括什么 ¤

社群运营包含五个方面：拉新、留存、促活、转化和传播。

拉新：指社群裂变，不断吸引新的用户入群。常见的拉新方式有扫描二维码、加运营者联系方式、转发邀请、关注公众号等。

留存：指社群通过为群成员提供有帮助、有价值或其感兴趣的内容，让他们喜欢上社群，并愿意长期待在社群中。

促活：指为了让社群中的成员活跃起来，运营者采取的一些措施。比如在社群中发放一些小福利，如红包、优惠券等；或者设计一些小活动，如签到、小游戏等，提高群成员打开社群的意愿。运营者在发放福利或设计活动时，需要收集群成员信息，找到他们感兴趣的内容，这样才能提高他们的活跃度。

转化：指社群资源变现，运营者通过前面的一系列操作，让群成员愿意购买产品。用户的转化效率越高，社群的价值越大。在转化的过程中，运营者需要寻找几个活跃的群内意见领袖。当有群成员咨询问题时，这些人可以介绍产品并分享自己的观点，给其他群成员中肯的意见。

传播：一个社群想要不断壮大，需要群成员传播拉新。运营者需要给群成员一个支点，促使他们传播，如邀请免费、邀请领奖品、产品砍价等，降低群成员的转发障碍。

遵循运营原则，可以让社群发展得更顺利，下面我们来具体看一下。

1. 运营有温度

有温度的运营，可以帮助运营者快速获得群成员的依赖和信任，为后续的转化和传播打下坚实的基础。打造有温度的运营，包含群昵称和群形象两方面。

冷冰冰的群昵称，只会让运营者与用户的关系更加疏远。运营者不妨根据目标用户特征，取一个招人喜欢且具有辨识度的群昵称。

在社群中，运营者尽量为自己打造一个专业、温和的形象，与用户成为朋友，营造轻松愉悦的交流氛围。

2. 拉新要谨慎

建立社群后，运营者面临的第一个问题就是拉新。一个没有群成员的社群，没有任何意义。但是，随意拉新人进群，只会降低社群的质量和价值。

在拉新时，运营者需要首先明确潜在目标用户，再设立社群主题。通过深挖潜在目标用户的共同点和需求，来确定社群主题。

例如，运营者想要建立一个日语学习社群，群成员的共同特点是喜欢看动漫，那就可以将社群主题设置为二次元爱好者。

在拉新的过程中，运营者可以从用户的兴趣、职业、年龄等入手，分析该用户是否符合入群要求。

3. 内容有价值

有价值的内容，才能留住用户。运营者需要了解用户的原生需求，根据需求创作内容。当用户遇到问题时，运营者能够及时帮助他们解决，就能获取他们的信任，使他们成为社群的忠实拥趸。除此之外，运营者还可以为群成员提供额外的服务，如帮助用户拓展人脉、帮助用户寻找发展机遇等。

4. 转化要有度

运营者在社群中发送产品信息、活动时，发送一遍即可，并@所有群成员，不要刷屏。刷屏容易引起群成员的逆反心理。

运营者想要提高转化效率，可以依靠潜移默化的宣传，让用户对产品产生深刻的印象。然后通过价格优惠、饥饿营销等，刺激用户的购买欲望。

02

搭建：
从 0 到 1 建社群

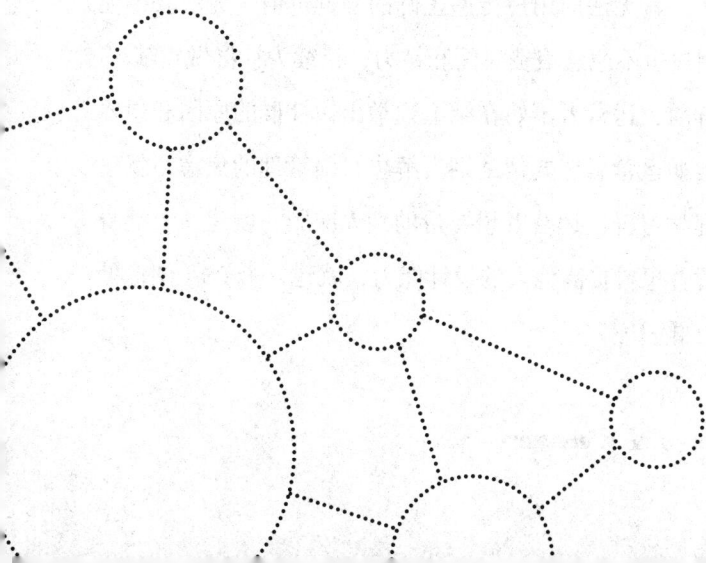

1. 社群定位：你要建一个什么样的社群

新手运营者由于不了解社群，所以对社群搭建工作无从下手。其实，搭建社群并不难，运营者首先要做好社群定位。

¤ 目的定位 ¤

在搭建社群前，运营者首先要明确搭建社群的目的。即这个社群是用来做什么的。只有明确了目的，运营者才能做好社群定位，才不会在后续运营中偏离既定方向。

目的＝结果，可以表明社群的价值，也是用户进入社群的理由。社群，并不仅是一群人的集合，它还承载了用户的利益点、价值观和共同需求等内容。若运营者自己都不清楚自己建立社群的目的是什么，就无法向用户传递正确的社群价值，无法获得他们的青睐。用户也不愿意浪费时间和精力，持续为社群做贡献。

搭建社群前，运营者不妨在纸上列举出做社群的原因和想要获得的结果，如运营者想要帮助别人解决时间管理的焦虑，就建一个时间管理学习群；运营者想要帮助别人减肥，就建一个健身减肥群；运营者想要提高他人的设计能力，就建一个 PS（图像处理软件）学习群……

然后，利用倒推法，明确达成目的的条件。即想要获得这个结果，需要做什么事情。例如，运营者想要搭建一个 PS 学习群，就需要了解 PS 的快捷键、PS 使用攻略、PS 入门级技巧等。

¤ 类型定位 ¤

搭建社群时，运营者要做好社群类型定位。即这个社群属于什么领域。常见的社群类型有四种：产品型社群、兴趣型社群、品牌型社群和知识型社群。

1. 产品型社群

优秀的产品，可以自动吸引粉丝进群。若运营者拥有产品资源，便可以搭建产品型社群，将客户导流到社群中，引导用户分享使用经验，提高社群的互动效率和其他用户对产品的好感。

2. 兴趣型社群

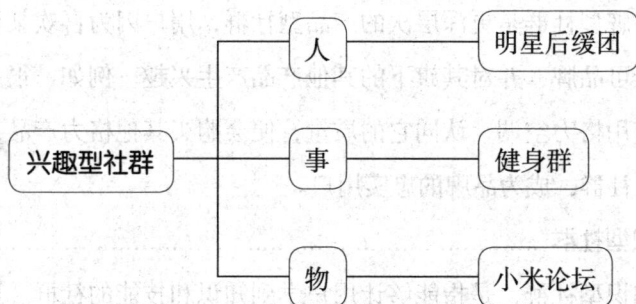

图 2-1

拥有共同兴趣的人，彼此之间更愿意交流。运营者可以根据用户的共同兴趣、爱好，搭建兴趣型社群。寻找用户的共同兴趣、爱好，运营者可以从人、事、物三方面入手，如图2-1所示。

人：用户对某个明星、大咖、游戏达人等感兴趣，这些人一般都具有非常强的人格化属性。如明星后援团，社群中的成员都喜欢这个明星，乐意交流与明星有关的话题。运营此类社群时，你需要定期推出新鲜话题，建立内容标签。

事：用户对某件事感兴趣，如喜欢健身的用户，会加入健身群；喜欢旅游的用户，会加入驴友群……运营者可以在社群中分享新鲜事儿、定期组织线下活动等，来提高群成员的活跃度。

物：用户对某个物品感兴趣，如小米论坛上的用户，都喜欢使用小米旗下的产品，愿意分享自己的使用体验和讨论与产品有关的话题。

3. 品牌型社群

品牌型社群是更深层次的产品型社群，用户因为喜欢某种产品而认可品牌，并对其旗下的其他产品产生兴趣。例如，很多人喜欢使用格力空调，认同它的质量，便会购买其他格力产品，还会加入社群，成为品牌的忠实用户。

4. 知识型社群

知识型社群，是指能够让用户学到知识和技能的社群。运营者掌握某种知识、技能后，就可以建立社群。

¤ 垂直定位 ¤

垂直定位，就是对社群领域进行细分，甚至精细到某一个具体职业，具有很强的专业性。社群定位划分得越精细，越能帮助运营者吸引更精准的目标用户。对社群进行垂直定位时，运营者需要找到用户的共性，然后对社群领域进行深度挖掘。

我们以知识型社群为例，看如何细分它的领域，进行垂直定位，如表 2-1 所示。

表 2-1

细分领域	内容	优势	案例
技能培养	为了更好地工作以提高生活质量，很多人会去学习某项专业技能。技能培养社群，针对学习某项技能而产生	群员可以相互监督，提高自律性，改掉拖延症	BetterMe 社群
读书求知	随着生活节奏的加快，人们已经习惯了碎片化阅读，没有时间去选择高质量的书。读书求知社群，整合了各个领域的书籍，向群成员推荐值得看的好书	群成员可交流读书心得、分享好书、发起共读计划、进行话题讨论等 组建线下读书沙龙，提高社群活力	剽悍读书营

细分领域	内容	优势	案例
创业服务	人们在创业时，希望获得更多领域知识、人脉和资源。创业服务社群，可以向群成员分享创业实践干货，提供人脉和资源	组织线下学习活动，将线上课程分享与线下学习相结合，拓展群成员的思维和视野，帮助群成员对接人脉、资源，实现其快速成长	李善友的混沌研习社
她经济	专注服务于女性的社群，提高女性的能力，实现工作、生活、外在与内涵的全方位升级	社群有丰富的活动，群成员黏性强，她们通过互相交流，来提高生活品位和精神修养	辣妈学院

¤ 用户定位 ¤

做好用户定位，才能更好地运营社群，提高转化率。用户定位，可从三方面入手：分析用户属性、打造用户标签和刻画用户画像。

1. 分析用户属性

用户属性可分为四种：刚需高频、刚需低频、低需高频和低需低频，如图 2-2 所示。

刚需高频：最容易转化，且复购率高。运营者将这部分用户吸引进社群后，需要精心维护，通过内容与其建立信任，传递产

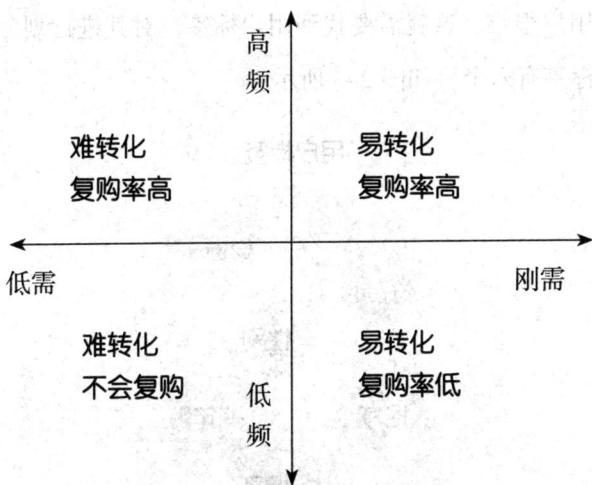

图 2-2

品价值，刺激他们频繁购买产品。

刚需低频：容易转化，但是复购率低。这部分用户对产品有着很高的需求，但是活跃度低。他们进群购买完产品后，可能就会沉寂。运营者需要延伸产品和内容，持续引起他们的兴趣。

低需高频：难转化，但是复购率高。这部分用户进群后，热衷于发言，但是很难获取他们的信任。运营者一旦与其建立信任，他们就会持续回购产品。

低需低频：难转化，且不会复购。这部分用户的存在，对于社群运营没有任何益处。运营者需要将其筛选出来，踢出群外。

2. 打造用户标签 ....

一个社群中，往往会有几百上千的群成员，运营者想要筛选出有效用户很难。这就需要找到用户标签，对其进行划分。常见的用户标签有六个，如图 2-3 所示。

用户标签

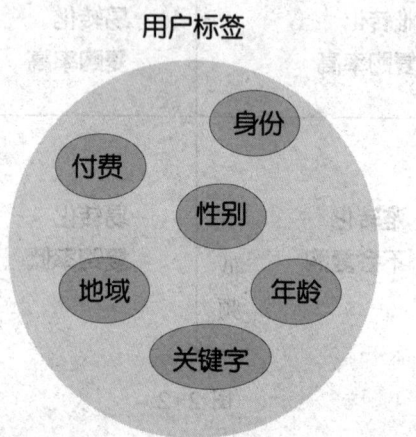

图 2-3

例如，我们想要建立一个时间管理社群，用户标签如下：

付费标签：付费用户、免费用户。付费，可以帮助运营者在初期筛选用户，愿意付费的用户是运营者的重点发展对象，不愿付费的用户被排除。

身份标签：大学生、"考研党"、上班族。他们需要合理分配时间，更好地学习或工作。

性别标签：男用户、女用户。女性用户一般多于男性用户。

地域标签：北京、上海、广州，多集中在一二线城市。

年龄标签：20 ~ 35 岁，"90 后"占有比较大的比例。

关键字标签：时间管理、自律、时间管理软件。

3. 刻画用户画像

划分好用户标签后，我们可以总结出这样一个用户画像：

课余时间丰富的大学生，想要提高学习效率，或改变松散习惯变得自律，于是进入时间管理社群。

每天忙于复习的"考研党"，总觉得时间不够用，进入时间管理社群，学会合理分配时间。

忙忙碌碌的上班族，时间与成果不对等，进入时间管理社群，学会时间分配，提高效率。或者，下班时间想要学习新的技能，进入时间社群，学习合理分配自己的空余时间。

社群需要什么样的用户，并不是由运营者凭空想象，需要数据的支持。通过用户属性、标签总结出的用户画像，可以让运营者清晰地明白社群可以吸引哪些人加入，从而筛选出自己的有效用户。

¤ 规模定位 ¤

社群搭建初期，运营者需要做好规模定位，即确定好社群的用户数量和社群数量。明确的规模定位，能帮助运营者确定运营策略。规模定位包含以下两方面内容。

1. 用户数量

确定社群的用户数量时，运营者需要参考社群的目的定位。

若社群目的定位是引流变现，那用户数量越多越好，最好可以到达社群上限。当用户规模超过两千时，运营者可借助一些工具，如千聊、聊天狗等，方便社群管理。

若社群目的定位是为了维护粉丝，那用户数量控制在 300 以内即可。作为粉丝群，主要功能是增加运营者与粉丝的互动，提高粉丝对产品的忠诚度。若用户数量太多，社群信息量会急剧增长，运营者无法面面俱到，及时回复每个用户的问题。

2. 社群数量

社群是一个体系，可以包含多个小群，共同组成一个整体。例如，有的运营者可以创建十五个微信群，这十五个微信群组成了他的整个社群体系。

运营者在成功创建一个微信群后，可以直接复刻建群经验，快速建立下一个微信群，不断扩大自己的用户规模。

在搭建前期，运营者不要贪心，先建立一个社群。运营成功后，再扩大规模。当社群超过十个后，运营者就可以成立自己的团队，更专业地进行日常管理、内容创作和活动策划等工作。

2. 社群平台：选择适合你的社群载体

随着互联网的发展，社群平台如雨后春笋般冒出。选择适合自己的社群平台，可以让运营工作事半功倍。

¤ 微信社群 ¤

微信社群，即微信群，是最常用的社群载体。据统计，截至2020年3月，微信的月活跃用户已达到了11.65亿。即在人手一部智能手机的时代，几乎每个人都会下载微信。

做微信社群的优势在于两方面：用户和玩法。如图2-4所示。

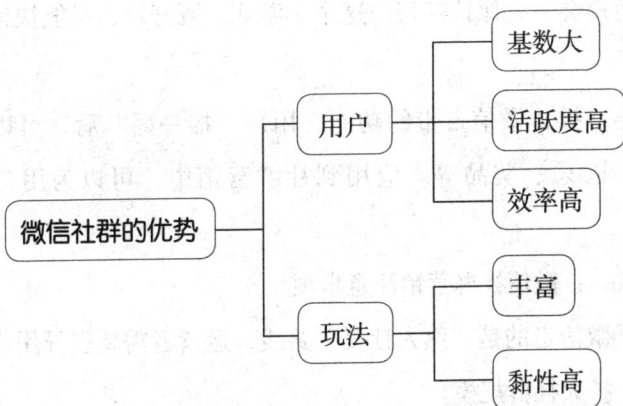

图 2-4

1. 用户

用户基数大，意味着运营者无须担心引流问题。微信已经成为人们日常生活中必备的社交通信工具。它的用户的活跃度很高，据统计，微信用户人均单日使用时长约为 85 分钟，很多用户热衷于微信聊天。

微信群更强调社交效率，快速解决某一问题。在微信群中，若核心成员发送的无关信息过多，可能会刺激其他成员退群。

2. 玩法

微信推出的小游戏有很多，如抢红包、砸金蛋、摇一摇等。丰富的玩法，能让用户持续保持新鲜感，提高对社群的黏性。

抢红包：发红包是微信自带的功能。抢红包是用户最热衷且最有号召力的游戏。

砸金蛋：用户通过砸金蛋来获得奖品。由于奖品的不可预估性，用户会一直保持期待。这个小游戏，既好玩，又能快速聚集人气。

摇一摇：微信自带的功能，用户"摇一摇"后，可以摇出红包、音乐、奖品等。应用到社群营销中，可以为用户带来惊喜。

Tips：微信社群营销注意事项

①微信走的是"熟人社交"路线，运营者需要引导用户自动拉新，扩大社群规模。

②微信群用户数量上限为 500 人，当用户数量超出时，运营

者可以多建立几个微信群，并且添加微信群中的用户为好友，然后有频率地更新朋友圈内容。若微信好友数量到了上线，运营者可建立新的账号，复制第一个账号的昵称和头像，并复刻第一个账号的操作，形成微信社群矩阵。

③微信好友多了后，运营者可以开通公众号，并且引导用户去关注。更新朋友圈和公众号时，避免产品信息刷屏，可以一条产品信息为主线，分享其他有趣、有价值的内容，避免让用户觉得枯燥。

④刚开始做微信社群时，运营者不要太过在意数据，做好用户引流和互动最重要。

¤ QQ 社群 ¤

随着微信强势覆盖人们的社交生活，很多人认为QQ已经走向没落，没有必要去做QQ社群。这种想法是错误的，QQ依然是一个充满活力的平台。如果说微信是将人们的通信录与社交联系起来，那QQ就是人们办公、学习的必备社交工具。

在使用QQ的过程中，很多用户都会加入一些与兴趣、学习、工作和生活相关的QQ群。不论是出于什么目的，这已经达成了建立社群的基本条件。即QQ群本身就是一个社群，它适用于任何产品。

QQ 社群具有很强的优势，如限制小、功能多，如图 2-5 所示。

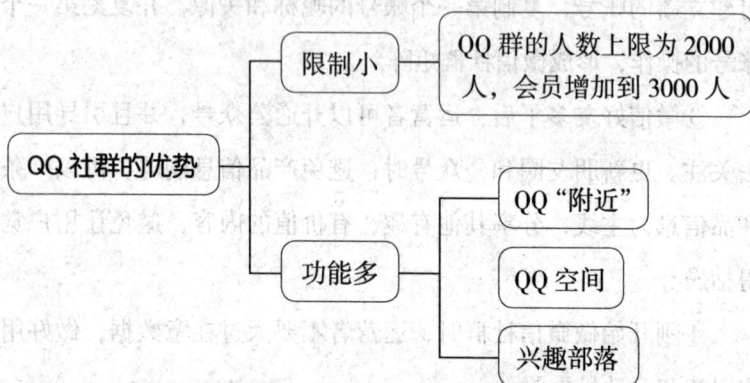

图 2-5

限制小：QQ 群限制越小，可容纳的用户数量越多。

功能多：通过 QQ 本身的"附近"功能、QQ 空间，运营可以形成自己的社群矩阵，实现引流和变现。

1.QQ"附近"功能

QQ"附近"功能，可以让运营者根据自己的喜好筛选附近的人。建立 QQ 群后，运营者可以设定年龄、性别、兴趣等。条件设定结束后，点击"完成"按钮，QQ 便会将此群推送给附近合适的用户，实现筛选目标用户的目的。

2.QQ 空间

QQ 空间类似于微信朋友圈，用户可以在空间更新状态，包括文字、图片和视频。通过装扮空间和创作内容，吸引其他用户，然后引流到 QQ 群中。

Tips：运营 QQ 社群的注意事项

①建立 QQ 社群的目的就是为了营销。因此，运营者尽量搭建本地 QQ 群，方便进行线下活动。若用户来自全国各地，不方便线下聚会，即使拥有共同兴趣、爱好，运营者也很难获得他们的信任。设置群名称时，可以为"北京 + 社群名称"。

②在群名称中，直接点出 QQ 群的目的，体现其价值，对用户更有吸引力。如运营者想要搭建一个减肥群，可以这样设置群名称——"北京健身减肥群"，直接表明这个社群就是为了减肥的人建立的，有兴趣的用户就会加入社群。

③搭建 QQ 社群前，运营者首先要设置好自己的 QQ 账号，如昵称、性别、联系方式、个性签名和动态等，为用户塑造真实感，而且账号风格要统一。

¤ 论坛社群 ¤

论坛，简称 BBS，最早是指网络技术知识交流场所。随着移动互联网的发展，论坛成为社群营销的肥沃土壤。

常见的论坛分类有综合型、产品型、兴趣型和知识型，如图 2-6 所示。

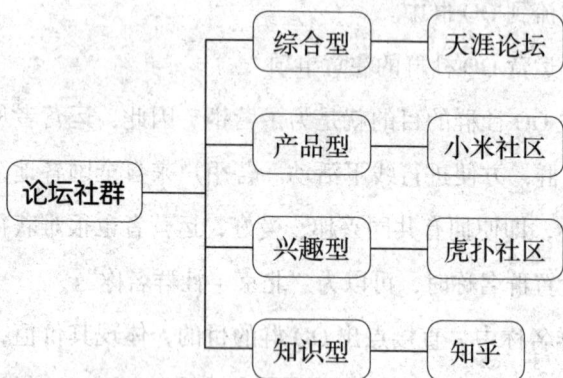

图 2-6

搭建社群，运营者要选择合适的论坛。例如，运营者拥有某项专业技能，就可以选择知识型论坛，在上面解答他人的问题，赢得他们的好感和关注，然后将他们引流到自己的社群中。

若运营者本身就是一个超级 IP 或运营的产品形成了品牌效应，就可以建立自己的论坛。那这个论坛，就是自己社群的运营重心，整个论坛的用户，都可以看作是自己的私域流量。

运营论坛社群时，运营者需要注意下面几个问题：

1. 精确定位

做论坛社群，运营者一定要找准产品定位。只有定位准确，才能吸引真正的目标用户。运营者需要先分析产品，然后分析潜在用户的特征和聚集论坛的目的，最后策划营销策略。

2. 营销话题

一个爆款话题，是让帖子火起来的关键。有特色的话题，才能吸引用户讨论。创建话题时，运营者可拟一个吸引用户注意力的标题，如"买苹果不如买小米，超高性价比"。话题一定要有趣，且紧跟潮流。

3. 设置"争论点"

有争论性的话题才是好话题。话题越有"争议性"，越能够激发用户的发言欲望，提高帖子的热度。创建话题时，运营者需要找到用户之间的"冲突点"，将其纳入标题中，引爆用户的讨论欲望。

¤ 百度贴吧 ¤

百度贴吧是百度旗下的一个结合搜索引擎在线交流的平台，通过某一个话题、兴趣或喜欢的人，将用户聚集在同一个贴吧或帖子中。这些贴吧、帖子，其实就是一个个的小社群。

贴吧营销并不难，百度庞大的用户基数，可以快速让一个帖子走红。例如，2009 年，有人在魔兽世界吧中发布了一个帖子——"贾君鹏，你妈妈喊你回家吃饭"，几个小时内，该贴被39 万多网友浏览，有 15 万多条回帖。

贴吧营销分为两方面：在他人吧中发帖和建立自己的贴吧。

1. 在他人吧中发帖

在热门贴吧或热门帖子中回帖，是一个引流的好方法。运营者需要注意下面几个技巧：

①产品与贴吧相关。利用他人的贴吧进行社群引流时，运营者一定要选择与自己产品属性相关的贴吧或帖子。

②小号跟帖。发完帖子后，运营者可以用小号去跟帖、点赞，提高帖子的热度，让更多人看见。

③拒绝广告。带有广告、链接的帖子，很容易被百度删除。因此，运营者不要在帖子中添加链接。帖子的内容要有趣，不要上来就发广告，这样很可能会被其他用户举报或被吧主删帖。

2. 建立自己的贴吧

在他人的贴吧中发帖子，运营者自己不能掌握主动权，不妨自己建立贴吧当吧主。进入贴吧中发帖的人就是目标用户，运营者可以将其引流到自己的社群中。建立贴吧时，运营者需要了解建吧规则：

①排名规则。运营者建立贴吧后，想要提高贴吧的影响力，就要提高贴吧的排名。提高贴吧排名时，首先，运营者尽量不要去顶旧帖，避免被百度扣分，降低排名；尽量保持精品帖的更新，提高其影响力，吸引更多新的吧友。其次，每个帖子的回复尽量超过 11 楼，保持帖子的点击率。发帖数量、帖子的点击率和回复率越高，贴吧的排名越靠前。

②发帖规则。百度贴吧规定，字数在 15 字以上为有效回帖，少于 15 字为无效回帖。顶贴时，运营者要善于把控回帖的

字数。

最好的回帖方式为图文结合，即使只有图没有文字，也可以获得积分，而图文结合可获得双倍积分。在发帖时，运营者不要选择匿名。匿名发帖，会被扣积分。

¤ 豆瓣网 ¤

豆瓣网创立于 2005 年，是一个集读书、音乐、电影于一身的社区网站。豆瓣网侧重于文艺风格，更适合做知识型社群、产品型社群。下面，我们来看一下豆瓣社群的优势，如表 2-2 所示。

表 2-2　豆瓣网的优势

优势	内容
信任度高	豆瓣网的推广方式，建立在拥有共同兴趣爱好的社交关系上，如爱好读书的用户非常乐于接受书友推荐的内容。相对于通过"水军"进行推广营销的网站，这种方式更容易获取用户的信任，且信任度很高
内容质量高	豆瓣网的用户群体偏向年轻化，他们学历高、意识敏锐，能快速感知并接受流行，并且创作出大量有创意、质量高的内容。这些内容将会成为豆瓣网吸引更多高质量用户的有力武器，并且在客观上增加了网站用户的黏性

优势	内容
小组对接精准营销	豆瓣上的每个小组，都是围绕一个主题展开构建的。这个主题可以是某个兴趣、某个生活需求、某个文化现象等，精准对接用户，让用户来自主细分市场。通过这种模式获得的用户更真实，黏性也更高。豆瓣网通过小组模式，实现了用户的"群组化区隔"，为精准营销提供了更多的可能
开放性强	豆瓣网本身具有很强的开放性，它允许用户匿名访问，从而提高了热点信息的曝光度，吸引更多广告投资

　　豆瓣网凭借兴趣互动营销与精准广告，成为国内最大的兴趣社交平台。这些优势也让豆瓣网成为孵化社群的肥沃土壤。在豆瓣网上运营社群时，你可以从下面两点入手：

1. 线上活动引流

　　线上活动是豆瓣网非常具有特色的一个版块，即确定活动的主题和时间，吸引大量的用户参与。线上活动可以快速聚集拥有共同兴趣的人，方便产品营销。运营者可以根据目标用户的兴趣爱好，在豆瓣上发起线上活动，将目标用户精准地引流到社群中。

　　运营者确定活动的时间和主题后，还需要想一个能够吸引文艺青年的标题。同时，加大传播力度，让更多用户知道。

2. 小组话题营销

　　运营者可以在豆瓣网上建立自己的小组，进行社群营销。豆瓣网上的一些小组的成员可达到十万人。这些成员都是社群的潜在用户。建立小组后，运营者可以每天发布一些有趣的话题，为小组吸引更多新成员。成员也可以在小组中发布精彩有趣的话题，保持小组的活跃度，吸引更多用户，形成一个良性循环。

¤ 豆果美食 ¤

豆果美食是一个典型的垂直社群，它定位于美食领域，为用户提供发现、分享和交流美食等功能。

在建立之初，豆果美食就选择了一条与传统美食 App 不同的路，走"工具－社区"路线。用户注册豆果美食账号后，可以分享美食、搜索食谱和他人讨论美食的做法和美味程度等。豆果美食将对美食有兴趣和需求的用户聚集在一起，完美地创造了用户与产品相互作用的社群经济模式。

豆果美食更适合产品型社群，运营者可以将自己的产品融入食谱中，并在食谱中添加个人联系方式，通过食谱吸引目标用户，并引流到自己的社群中。

典型案例：南方红糖

2015 年，南方红糖为了推广产品，与豆果达成了合作。在"三八妇女节"期间，豆果美食推出了"红糖"活动，科普古方红糖的营养价值和功效，并推出了第一道与红糖有关的菜谱。截至目前，豆果美食上与红糖有关的食谱有一百多个。

通过食谱推广，南方红糖的知名度越来越广，获得越来越多用户的认可，形成了自己的用户群体。

很多品牌产品如海尔、雀巢、顺丰大闸蟹等，都选择了豆果美食进行社群引流，就在于它的优势很突出。

豆果美食的优势如下：

1. 粉丝痛点明显

豆果美食的用户定位是 25～35 岁的公司白领和家庭主妇，主要以"80后""90后"为主。这部分用户喜欢网上购物，消费能力强，且拥有充足的时间和条件去钻研美食。当购买了某种食材，却不知道如何烹饪时，他们便会打开豆果美食进行食谱搜索。若食谱获得用户的喜爱，产品也会获得认可，进而激发用户的购买欲。

2. 与高端平台合作

2013 年，豆果美食与《味觉大战》《顶级厨师》等美食节目进行了合作。

2014 年，豆果美食与《舌尖上的中国 2》达成合作。

2016 年，豆果美食与云海肴、百度外卖联合推出了"奥运黄金菜谱"。

与高端平台形成合作，有利于推广豆果美食本身的知名度，吸引更多用户注册。豆果美食的用户越多，越有利于运营者建立自己的社群体系。

¤ 微博社群 ¤

2009 年，新浪推出"新浪微博"内测版，以摧枯拉朽之势进入人们的视野。2010 年 1 月，全球注册用户达到 7500 万。通过微博，人们可以学习、娱乐、了解异国的风土人情、关注各国的时事政治等，然后发表自己的意见。微博，本身就是一个综合性的社群网站，适合各种类型的社群建立。

下面，我们来具体看一下利用微博进行社群营销的优势，如图 2-7 所示。

微博的营销优势

图 2-7

内容丰富：微博的内容形式多种多样，包含文字、图片、短视频、网页链接和网页推荐等，可满足用户的多种需求。

成本低：相对于论坛营销，微博的操作比较简单，信息发布方便。而且，运营者注册自己的微博账号时，不需要经过严格的审批，可以节省大量的成本和时间。

针对性强：微博营销具有很强的针对性。当用户对你发布的内容感兴趣时，他们就会关注你。因此，吸引的都是精准目标用户。

覆盖面广：微博涵盖了各行各业的专业认识，无论用户提出什么样的问题，都会有业内人士进行专业解答。因此，用户的黏性和忠诚度非常高。

微博对于社群运营者而言，是一个非常好的平台。不论哪一种社群，都可以在此找到用户。在运营微博社群时，运营者该如何做呢？

1. 借势热门话题

微博有一个热搜榜，每天都会更新热搜话题。运营者可以关注、转发和评论热门话题，发表自己的想法，与其他用户形成互动。例如，在高考期间，热搜话题是"护航高考警民同心"，运营者便可以在话题下分享自己身边与高考有关的事情。注意，借势的热搜话题，一定是积极正面的。

2. 制造热搜事件

好的微博内容具有很强的号召力，运营者可打造好的内容，吸引用户关注，提高内容传播范围和影响力。打造内容时，运营者可添加热门标签、@网红大 V 和品牌，增加被用户看到的机会。

同时，运营者需要持续输出专业内容获得用户的认可和信任，将用户变成自己的忠实粉丝。

运营者要注意，微博内容文字限制为140个字，编辑内容时，应尽可能地保证内容都是用户想看的。

3. 关注粉丝反馈

微博内容下方是评论区，运营者要养成每日阅读粉丝评论的习惯，从评论中了解粉丝的想法和需求，创作出粉丝更喜欢的内容。

4. 不过度透支粉丝忠诚度

在运营微博社群时，运营者不要发布虚假信息和推荐质量差的产品。一旦某次让用户失望，他就会取关你。

3. 社群结构：决定社群能否存活

社群结构分为两种：一种是金字塔结构，另一种是环形结构。不同的结构，运营管理方式不同。运营者只有弄清楚，才能让社群健康发展。

¤ 金字塔结构的利弊 ¤

金字塔结构，是指社群中的成员是分层级的，如图 2-8 所示。金字塔顶端为最高层级群员，具有高影响力和信服力，是社群中的 KOL，是制度和规则的制定者。金字塔中层，为社群的管理人员，管理社群的日常工作。金字塔底层，是普通成员，也是社群中最多的一个群体。

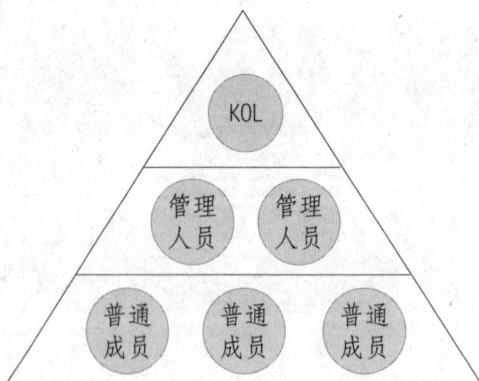

图 2-8

¤ 金字塔结构的优势

1. 忠诚度高

在金字塔结构的社群中，群成员通常都是因为 KOL 进群的，本身自带光环。只要 KOL 可以持续输出高质量内容，群成员的忠诚度就会持续提高。

2. 管理轻松

金字塔结构社群中的 KOL，一般就是社群运营者，说的话具有很高的权威性，容易获得成员们的认同，社群管理工作比较轻松。

3. 易于推荐产品

因为群成员对 KOL 具有很高的信任度，也会信任 KOL 推荐的产品，进而下单购买。

¤ 金字塔结构的劣势

1. 耗费精力

KOL 想要持续输出高质量、成员感兴趣的内容，需要投入更多的时间、精力创作。一旦 KOL 短暂离开社群，就会让社群活跃度迅速衰减，而且这种情势是不可逆的。若 KOL 彻底离开社群，社群就会土崩瓦解。

2. 易发生混乱

群成员进入社群，是为了追随 KOL 学习知识、技能，提高自己的能力。在社群中，每个群成员都有直接和 KOL 对话的机会。在 KOL 讲解知识时，若群成员遇到问题直接发问，就会产生混乱，导致 KOL 无法进行有效通信。而且，社群越大，混乱的现象出现得越普遍。

因此，对于金字塔结构的社群，运营者一定要制定严格的社群规则，规范群员行为。

金字塔结构适用的社群有：知识型社群，如教育培训、技能培训等；品牌型社群，如小米社群、华为社群等。

¤ 环形结构的利弊 ¤

环形结构，是指社群中成员的地位是相互平等的，且可以彼此影响。社群中并没有固定的跟随关系，能够持续输出、权威专业的大咖也不止一个。

¤ 环形结构的优势

1. 依赖性弱

在环形结构社群中，每个人都有可能持续输出高质量内容，即使其中一个成员离开，也会有其他成员迅速补上。因此，对于个人的依赖性比较弱，离开的人并不会对社群造成太大的影响。

2. 耗能小

环形结构的社群可以大大解放核心成员的劳动力。当一个核心成员有事离开，就会有其他核心成员代替，并不会影响社群的正常运转。核心成员不必为了其他成员的忠诚度而强迫自己不断输出。

3. 群活跃度高

一个社群中，如果拥有 2～3 个活跃的 KOL，就会出现不同思想的碰撞，这样可以带给群成员更多的新鲜感，从而刺激群成员不断表达自己的想法，提高社群活力。

¤ 环形结构的劣势

1. 难管理

由于社群成员复杂，且没有固定领袖人物，运营者管理起来比较困难，当想要执行一件事情时，可能需要反复强调，才能执行。社群人越多，不同的意见越多，这就需要运营者有比较高的管理情商。

2. 易形成个人圈

在社群中，若 KOL 太多，且都具有一定的影响力，群成员就会自动成为某个 KOL 的忠实粉丝，形成一个一个的小圈子，从而导致社群分化。若运营者管理不当，很可能会直接导致社群分裂，群成员跟着自己认可的 KOL 出走。

环形结构适用的社群有：兴趣群、爱好群、减肥群、情感交流群等。

4. 群名设置：好记易懂是关键

用户进入社群的方式有很多，但是最常用的就是搜索群名添加。因此，运营者需要给自己的社群起一个好记易懂的名字，方便用户搜索。在起群名时，运营者需要注意下面几个原则。

¤ 符合定位 ¤

搭建社群，运营者第一步要做的事情就是定位。清晰的定位，既可以明确社群的发展方向，又可以让用户找到归属感和满足感。

社群定位决定了社群的取名方向，例如，目标用户喜欢读书，群名称可以为"读书会"；目标用户喜欢健身，群名称可以为"健身团"……让目标用户一目了然。

运营者要先将社群的定位提炼出来，然后融入社群名称中，这样才可以吸引精准用户。

¤ 主旨明确 ¤

社群的主旨就是社群的目的，也是用户进入社群的理由。运营者一定要在群名称中体现社群的主旨，让用户看到后立马明白，这个社群是做什么的。

明确社群的主旨，重点在于提炼核心关键词。

社群的核心关键词可以是产品、目的等。例如，运营者搭建的是一个减肥群，那核心关键词就是"减肥"；运营者搭建的是一个 PS 学习群，那核心关键词就是"PS"。除此之外，还可以对核心关键词进行延伸，减肥的延伸关键词可以是"饮食、跑步、健康"等，PS 的延伸关键词可以是"技巧、动图技术、小白"等。

若运营者本身具有一定的影响力，可以直接在群名称中加入自己的名字，如"毛戈平化妆造型交流群""王豆豆 PS 学习交流群""吴晓波书友会"等。

¤ 简单有趣 ¤

社群名称，一定要简单好记，一般不要超过八个字。若为十几个字，读起来会非常饶舌，不便于用户记忆。用户将它介绍给别人时，若很难将名称说对，势必会降低用户对社群的好感度。

运营者在拟定社群名称时，尽量想一些新颖、有趣的词，可以多收集网络热词素材，融入自己的社群名称中。这样的词，本身就具有极强的传播属性，容易吸引用户的关注。

例如，运营者想要建立一个美食社群，起名为"爸爸的厨房"，没什么新意，对用户也没有吸引力。但是，若名字起为"黑暗料理联盟"，就非常有新意了。还可以运用"外号＋新颖词"的形式给社群命名，如"林怼怼的分子料理室"。

¤ 通俗易懂 ¤

通俗易懂，是社群名称的根本。若社群名称复杂绕口，用户难以理解或根本不认识，无法认可和产生归属感，就不会添加社群。打造一个通俗易懂的社群名称，运营者可以从两方面入手：忌生僻字和忌范围广。

1. 忌生僻字

社群名称是为了帮助用户快速了解社群，若包含生僻字，用户不认识，可能就会一扫而过。例如，犇、魈、壵、飝等，不是生活常用字，就会成为社群传播的障碍。运营者不要为了追求个性，添加各种生僻字，这样不会为你带来用户。

2. 忌范围广

宽泛的社群名称没有辨识度和吸引力，如读书会、健康群等。若是在名称上加一个独特的前缀，如吴晓波书友会，立马可以提升社群的吸引力。前缀可以是名人、地区、时代名词和网络热词等，突显自己社群的差异性，才会具有吸引力。

Tips：社群名称拟定注意事项

运营者确定好名称后，不要随意更改。例如，社群是一个美食群，拟定的群名称为"美味厨房"，过几天又改为"吃货联盟"，下个月又改为"家常美食"。频繁更换群名，不利于社群的稳定，降低了群成员的忠诚度，这样会让群成员觉得陌生，以为自己加错群，进而退群。

5. 社群规则：无规矩不成方圆

无规矩不成方圆，一个社群想要健康发展，社群规则起着非常重要的作用。社群规则一般包含五个方面，下面我们来具体看一下。

¤ 加入规则 ¤

一个无门槛的社群，很容易出现大量的"僵尸成员"，他们占据资源，却对社群没有任何贡献。在搭建社群前期，运营者一定要设置加入规则，减少后期清理无用群员的工作。邀请群成员的方式有很多，如图2-9所示。

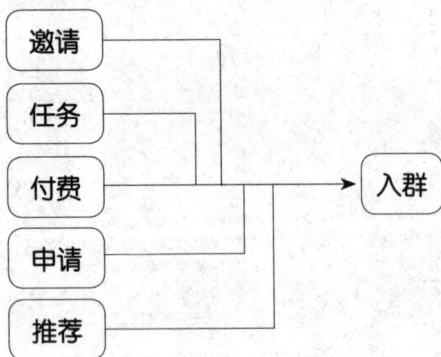

图 2-9

邀请：用户收到群主或管理员的邀请，才能入群。

任务：用户完成任务，才能入群。

付费：用户付一定的费用，才能入群。

申请：用户发送入群申请后，需要经过群主或管理员的同意，才能入群。

推荐：用户可以通过其他群成员的推荐，进入群中。

这些加人规则，可以为社群设定一道门槛，将那些不符合规则的人拒之门外，有利于社群的发展和后期的运营维护。

¤ 入群规则 ¤

加人规则是运营者筛选群成员的第一步，入群规则就是运营者筛选群成员的第二步。设置入群规则，可以让用户产生一定的仪式感。阅读入群规则后，若用户不愿意执行，运营者可直接将其踢出群外。这样的用户，不是运营者需要的。常见的入群规则包含三个方面：

1. 修改群名片

群名片，即用户在社群中的昵称。运营者要统一群昵称的格式，用户入群后，要在第一时间改群昵称。

2. 阅读群公告

群公告是社群必备工具，一般包含群介绍、群须知和群规则。运营者需要告知用户进群后，要第一时间去阅读群公告，避免违规发言。

3. 简单自我介绍

用户进群后，需要进行简单的自我介绍，这样既可以帮助用户快速融入社群，又可以去除群成员之间的陌生感，快速建立社交关系。

¤ 交流规则 ¤

设置交流规则，可以让社群用户更好地进行交流和互动。常见的交流规则内容如下所示：

1. 未经管理员同意，群内禁止发广告、链接和与社群无关的内容。群成员若发送广告，一次警告，两次踢出群。

2. 群成员发言时，禁止使用同样的话或图片刷屏灌水，禁止聊与本群无关的话题。

3. 群成员需要积极发言，若长期不发言，将踢出社群。

4. 他人发表观点时，群成员可以质疑，但需要给出恰当的理由。

5. 讨论问题时，每个人都有发表观点的权利，禁止吵架骂人、语言暴力和人身攻击。

6. 禁止发布与色情、暴力、政治等相关的信息。

7. 所有群成员必须遵守交流规则，违规且不听劝告者，将踢出社群。

¤ 分享规则 ¤

运营者定期在群内分享知识、干货，有利于提高社群活跃度和用户对社群的黏性，进而提高社群质量。群内分享分为三种模式，如表 2-3 所示。

表 2-3　分享模式

模式	内容	优势
KOL 主导制	KOL 必须是某个领域的精英，可以定期在社群内分享知识、干货等，让群成员可以学到知识，增长见闻	群成员学到的知识越多，KOL 的威望越高，群成员会对社群始终保持着高度忠诚
邀请嘉宾制	定期邀请业内知名大 V、大咖和专家来群内分享他们的经验	很多用户会冲着嘉宾的知名度加入社群。若嘉宾长期做客社群，社群用户的增长速度会非常快。 社群规模不断扩大，就会吸引新的嘉宾来做客，吸引更多的用户入群，形成良性循环
轮换上台制	群内成员轮换分享经验、观点，保证群成员共同增长	不同群成员的观点碰撞，会产生更多高质量的话题讨论，让社群始终保持高活跃度

6. 社群引流：如何找到第一批种子用户

运营社群时，你首先要找到社群的第一批种子用户，为后续的社群营销和传播奠定坚实的基础。为什么在社群中，种子用户的作用这么大呢？

¤ 什么是种子用户 ¤

种子用户具有非常明显的特点，如表 2-4 所示。

种子用户来源于初始用户，但不等同于初始用户。它具有一定的选择标准，一般是选择活跃度高、影响力大、黏度高的初始用户。

比如说，你的社群中拥有 1000 个用户，推荐产品后，有 100 个人与你积极互动，并最终购买了产品，同时还愿意将产品分享给身边的人。那这 100 个人，就是你的种子用户。一般情况下，越积极的种子用户，活跃度、忠诚度和贡献度越高。

表 2-4　种子用户的特点

特点	内容
匹配性	种子用户的特征与社群特征相匹配，比如社群适合白领，那么种子用户的职业就是白领

特点	内容
友好性	种子用户对产品领域非常感兴趣，并且对产品保持着很高的认可度
参与性	种子用户参与社群活动、购买产品，并向身边的人传播社群和推荐产品，提出有用建议
积极性	种子用户使用完产品后，会积极反馈使用感受，并且提出调整建议
活跃性	种子用户一般是社群中最活跃的成员，他们乐意参与互动，创造高质量的话题讨论，持续输出价值，使社群始终保持在高度活跃的状态，提升新成员的体验感

¤ 为什么要找种子用户 ¤

运营社群时，我们经常会强调寻找种子用户。那为什么要找种子用户呢？下面我们来看一下其优势。

社群基础：社群的第一批"种子用户"，就像是创业时获得的第一桶金，是整个运营过程的基础。一个社群，若没有种子用户，就无法进行下一步的用户裂变。

用户标杆：种子用户进入社群后，经过一段时间的交流互动，会形成一种新的社群形态。这个社群形态会不断吸引同类型用户，即"物以类聚"，并决定着他们是否会留下来。

完善运营：社群刚建立时，运营者因为不熟悉各项流程操作，会出现各种各样的问题。这时候，就需要种子用户来发现问题，并为运营者提供建议，共同解决问题，完善社群运营。

提高传播率：社群运营初期，若种子用户认可运营者和社群价值，就会自动邀请认识的人进群，并且将社群分享转发至朋友圈，提高社群的传播率。

提升活跃度：种子用户一般是社群中最活跃的成员，他们积极参与互动，创造高质量的话题讨论，持续输出价值，使社群始终保持在高度活跃的状态，从而提升新成员的体验感。

¤ 如何获取种子用户 ¤

运营者了解什么是种子用户后，接下来就需要明确"如何获取种子用户"。获取种子用户，运营者可以从三方面入手：分析目标用户属性、定位用户来源渠道和设计吸引用户方案，如表2-5所示。

1. 分析目标用户属性

表 2-5

属性	内容	用户画像
特点	分析用户的性别、年龄、地域、职业、受教育程度、消费能力、消费频次和偏好等特点。如：女、20岁、大学本科、1500以内、每周一次、衣服等	根据用户属性，我们可以刻画出这样一个用户画像： 　　今年刚考上大学的王丽，每月有2000元的生活费，喜欢在网上购买衣服 　　课余时间喜欢去图书馆看书，晚上喜欢听音乐、追剧，喜欢刷朋友圈和玩抖音 　　平时喜欢帮助别人，更喜欢安静的环境。为了考会计证，想要加入时间管理群，学会合理分配时间，提高学习效率 　　王丽具有明确的需求，且具有可支配资金，就可以成为时间管理社群的种子用户
活跃时间和场景	根据特点，分析不同用户的活跃时间、场景和平台，帮助后期精细运营。如：下课时间和晚上、宿舍、朋友圈和抖音等	
兴趣	分析用户的兴趣、价值观、喜好等，找到用户共鸣点。如：喜欢看书和帮助别人、讨厌吵闹等	
需求	用户痛点或急需解决的问题是什么，如：考会计证、想要提高学习效率等	

2. 定位用户来源渠道

用户来源渠道有两种：一种是付费渠道，一种是免费渠道。如表 2-6 所示。

表 2-6

方式	方法	平台
付费	软文推广 朋友圈付费广告 其他平台付费广告	公众号、微信、抖音、快手等热门平台。对于小社群而言，公众号、朋友圈是最好的推广方式，投入小，成效大
免费	写有价值的文章或拍摄有趣的视频，在文章视频中植入社群号或二维码	微信群、QQ 群、贴吧、论坛、豆瓣、百度文库、微博、知乎、抖音、快手等热门平台

3. 设计吸引用户方案

分析了用户的特点和确定了获取用户的渠道后，运营者就需要设计一个方案，吸引他们成为种子用户。常见的方式有下面两种：

直接拉人：运营者选定用户后，可以直接将其拉入群中，并进行一对一沟通，邀请他成为种子用户。然后，对种子用户许以利益，鼓励他们邀请他人。

活动寻找：运营者直接在微信群、QQ 群和朋友圈发布活动，吸引感兴趣的人入群，然后筛选出种子用户。

¤ 如何筛选种子用户 ¤

进入社群的低质量用户越多，社群越不稳定。这些用户的存在，既不利于社群的塑造，又会影响种子用户对社群的认知，形成偏见，最后退群。因此，运营者在选择种子用户时，要讲究少而精，进行精挑细选。

运营者在筛选种子用户时有两种模式：先建群后筛选和先筛选后建群。

先建群后筛选。当运营者不确定自己需要什么样的种子用户时，可以先建立一个微信社群，将好友拉入群中，让大家做自我介绍。然后，根据这些信息判断分析种子用户画像，并与符合者一对一沟通，进行转化。

先筛选后建群。运营者确定自己需要什么样的种子用户时，可以直接发布活动吸引用户加好友，筛选出种子用户。然后建立社群，将种子用户导入社群中。

筛选种子用户时，运营者需要考虑多个因素，如图2-10所示。考虑的因素越全面，筛选出来的种子用户质量越高。

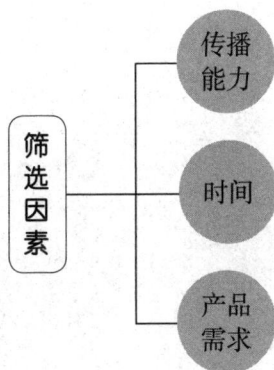

图 2-10

筛选种子用户时，运营者需要选取好友比较多的用户。种子用户的好友越多，传播能力越强。种子用户的空闲时间越多越好，这样他们才会有充足的时间参与社群互动和传播。种子用户对产品的需求越高越好，只有在需求被满足的情况下，他们才会意识到社群的价值，保持高度活跃和黏性。

03

引流和裂变：
教你疯狂吸粉

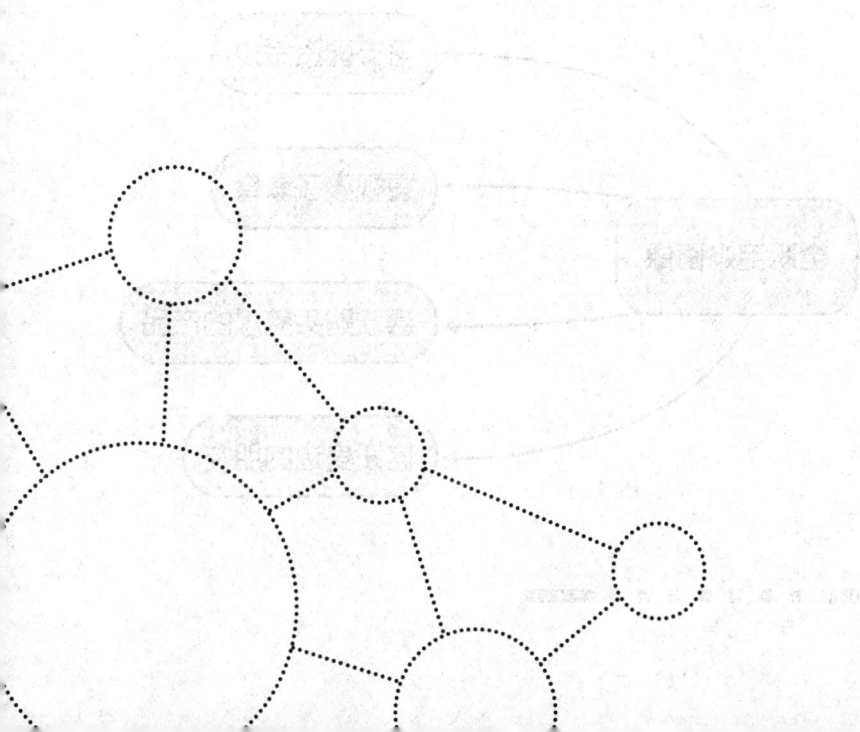

1. 引流方式：常见的引流活动方式

引流是运营者扩大社群规模最快、最常用的方式。常见的引流方式有送书/送资料、讲座、拼团活动和分销等，下面我们来具体看一下。

¤ 送书/送资料方式 ¤

在知识型社群和产品型社群中，很多运营者会将书、资料当作福利送给群成员，刺激他们分享转发，实现引流目的。我们

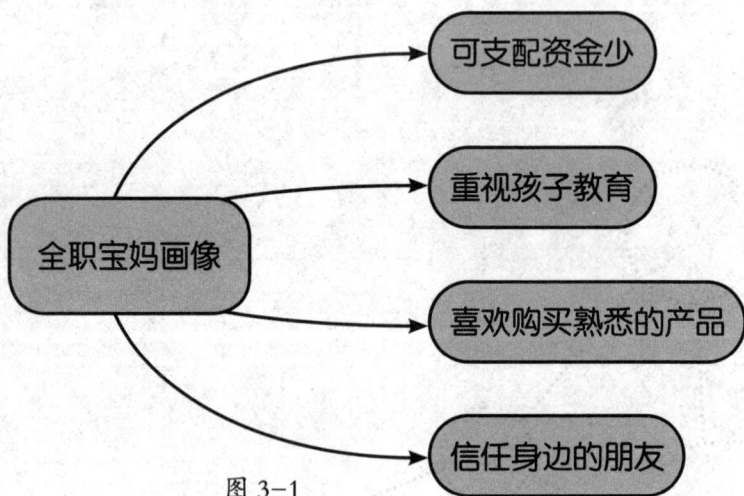

可支配资金少

重视孩子教育

全职宝妈画像

喜欢购买熟悉的产品

信任身边的朋友

图 3-1

经常会在朋友圈中看到有关分享活动的海报，例如，"分享活动，获得 38 个点赞，截图联系客服领取专业书籍"。

在做送书/送资料的裂变活动时，运营者首先需要分析产品的目标用户，刻画出用户画像。然后分析用户痛点，根据痛点策划推广活动。我们以送儿童读物为例，用户画像如图 3-1 所示。

这类目标用户的痛点是免费、福利、信任，运营者可以针对这些痛点推出下列三种活动。

1. 免费赠书

"免费"二字对于用户是非常有吸引力的。例如，你赠送的书是最受小孩子欢迎的小猪佩奇系列，会引起很多宝妈的兴趣。宝妈想要得到书籍，就必须加入社群并转发活动。

2. 限量福利

社群推出"免费赠书"的活动，而且给活动加一个数量限制或时间限制。海报上明确表明"绘本只有 200 本，先到先得"，让宝妈产生紧迫感。注意，运营者在设计这类海报时，要突出书籍的价值，如列举书籍可以让宝宝学会哪些东西，这样才能快速打动用户。

3. 获得信任

有的用户收到他人分享的海报时，海报上方会显示昵称"我已加入，邀请你免费领取"的文案。这样既能让用户产生真实感，又能快速获取他们的信任，让他们立马参加到活动中来。

◻ 讲座方式 ◻

讲座引流更适用于教育培训类和亲子母婴类社群，通过行内大咖、专家的线上讲座或线下公开课向用户传递专业的理论知识，使其产生信服感，进而加入社群。

例如，运营者搭建的是亲子母婴类社群，针对的目标用户是备孕女性、待产妈妈和宝妈，就可以推出线上免费讲座活动，讲解怀孕期间和生产后与饮食、休息、运动、婴儿照顾等相关的专业知识。

策划活动时，运营者要考虑好嘉宾人选，最好选择行业内的专业人士和超级IP。专业人士如老师、医生、专家等，超级IP如李子柒、办公室小野等。注意，邀请的超级IP定位一定要和自己的产品属性相符。

推广活动前，运营者要进行活动预热，并且设置奖品刺激群内成员转发活动海报，让更多人看到，提高新用户的入群率。

◻ 拼团活动方式 ◻

拼团，就是某一用户开团成为团长，邀请3~5人参加团购。这种引流方式更适用于产品型社群和知识型社群。这是当下比较火的裂变方式，可以让社群成员一变二、二变多地呈指数式增长。例如近几年非常火的购物平台拼多多，就是凭借拼团活动实现了用户快速增长。

常见的拼团模式，有下面几种：

1. 拼团享优惠

通过拼团，用户可以用优惠价格购买到产品。例如，商品售价22元，三人成团可享1元购买。用户支付1元开团，再邀请2名好友支付1元，拼团成功。若超过24小时都未成团，则拼团失败，1元退回。

2. 拼团0元拿

用户拼团成功，可以0元获得商品。例如，商品售价200元，群成员开团成功，再邀请4人参加活动，就可以0元购买商品。超过24小时人数未满，拼团失败。

3. 拼团帮砍价

砍价是最常用的拼团手段之一，能够起到很好的拉新作用。例如，商品售价为2000元，群成员邀请好友砍价，砍至0元可免费获得商品。一般情况下，新成员砍掉的价格比较高。若超过24小时未砍至0元，则砍价失败。

4. 拼团享打折

拼团成功后，用户购买产品可以享受打折。例如，商品售价100元，群成员支付70元开团，成功邀请2个好友，三人都可以7折的价格购买产品。

运营者策划社群拼团活动时，要注意选品问题。选择产品时，运营者要考虑下面几个因素。

爆品：商品要选择网络热品、知名品牌、日常用品等，这样的产品才能在第一时间引起用户的兴趣，比如扫地机器人、××果汁机、PS 设计模板等。

价格：商品显示的参团价格一定要低，如 1 元、9.9 元等，与原价形成极大的落差，才能引起用户的兴趣。

成团人数：成团人数不要太多，控制在 2 ~ 5 人之间。若要求的成团人数太多，容易让用户觉得麻烦，进而放弃拼团。

¤ 分销方式 ¤

分销，就是用户从原本的买家身份转变为卖家，每售出一件商品就可以获得一份佣金。分销引流更适用于产品型社群，群成员将社群中的产品分享给好友或分享到朋友圈，只要有人下单，群成员就可以获得佣金。

利用分销裂变推广社群时，运营者需要注意一个问题：佣金设置。

佣金是刺激群成员分享的动机，合理的比例设计至关重要。通过实践发现，佣金比例在 30% ~ 50% 之间，传播力度最大。

除了一级分销外，群成员还可以获得二级分销的分成。例如，一件商品的佣金是 40 元，第一个人分享给好友下单后，获得 40 元的佣金。好友进行二级分销，获得 40 元佣金，第一个人会再次获得 20 元佣金。以此类推，形成一个多层级的分销体系。

¤ 其他方式 ¤

除了上述几种引流方式外，还有其他几种，下面我们来具体看一下。

1. 星座分析。用户在平台上分析性格、星座，并将结果分享给好友。这种引流方式，用户并没有获得实际利益，他们是在被了解、关注的心理需求下进行分享的。例如，网易云音乐的人格分析功能。

2. 成就分享。玩游戏时，在用户赢得胜利后，会引导其进行分享。这种引流方式，是基于每个用户都喜欢获得荣誉感。

3. 身份认同。用户将喜欢的名人名言、故事等分享给好友，从而获得身份认同感，塑造个人形象。

4. 优惠券分享。用户完成一笔订单后，在社群中分享优惠券，其他用户可随机领取。用户领取的优惠券金额随机，且必须加入社群或注册后才能使用。

运营者设计引流方式时，过程要简单，且用户获得利益的条件容易完成，这样才能获得更好的引流效果。

2. 裂变方式：让你的社群快速扩大

做社群，最害怕的就是没有流量。运营者完成引流工作，接下来就需要找到适合社群的裂变方式。一种好的裂变方式，可以快速扩大社群规模。常见的社群裂变方式有红包裂变、内容裂变、人脉裂变和技能裂变。

¤ 红包裂变 ¤

发红包是社群裂变的常用方式之一。有的运营者通过发红包的方式，用两个小时的时间，就裂变了 50 个微信群。具体操作如下：

1. 运营者随意进入一个微信群，发一个红包。红包备注：拉我进微信群，私信发大红包。

2. 有用户相信你，拉你进其他的微信群后，你给对方发一个一块的红包，并告诉对方，拉的微信群人数越多，获得的红包越大。

3. 进入新的微信群后，重复第一步操作，短时间内就可以加入 50 个社群。

红包裂变是运用了"抢红包 + 群裂变"的方式，帮助运营者快速获得流量。但是，这时微信群获取的用户，都是社群的基础用户，并不精准。运营者需要进一步运营，筛选出精准用户。基础用户数量越多，可筛选出的精准用户越多。

¤ 内容裂变 ¤

不同的用户，对内容的需求不同。运营者可以根据用户的属性，建立单独的社群，然后创作好的内容，刺激用户不断进行分享拉新。这种方法获得的用户，往往都是精准用户。

例如，我们建立了一个知识型社群，社群中的用户以宝妈居多。那就可以根据"宝妈"的需求，单独建立育儿群。然后，在社群中分享与育儿相关的知识，鼓励宝妈转发，实现裂变目的。

假设社群中有 100 个宝妈转发了内容，那就可能为我们带来至少 6000 人的新用户。接下来，我们可以复制第一步操作，对新用户再次进行细分，建立亲子群、女性保养群、兼职群等，一步步扩大裂变圈子。

¤ 人脉裂变 ¤

在朋友圈分享社群活动图片是人脉裂变的一种方式。每个人都有自己的人际关系网络，一变多，往往可以引发病毒式裂变效果。具体操作步骤如下：

1.运营者在社群中发送活动海报，并告知群内用户，转发到朋友圈可领取奖励。

2.用户转发到朋友圈后，截图联系运营者，运营者要及时发放奖励。

通过人脉裂变获得的用户，一般都是精准用户。因此，很多社群运营者都会鼓励用户将社群活动、海报分享到朋友圈，以此扩大社群规模。

人脉裂变，通常采用转发审核机制，短时间内会有很多用户扫码进群。因此，活动图片上的二维码，尽量选择活码。

¤ 技能裂变 ¤

技能型社群，裂变速度非常快。以"学英语"社群为例，具体操作如下：

1.运营者建立学英语社群后，通过其他渠道分享群二维码，用户扫描进入审核群。

2.进入审核群后，管理员发布进群规则和条件。例如，将活动海报发送到五个微信群和朋友圈，截图发送到审核群中。

3.审核成功后，管理员私信用户，将用户拉进英语上课群中。

在"技能提升"的诱惑下，用户会积极分享，帮助社群快速聚集一批有潜在需求的用户，实现裂变目的。

3. 设计诱饵：设置超级诱饵躺着涨粉

钓鱼时，只有鱼钩上有诱饵，鱼才会咬钩。这个道理同样适用于社群，只有始终存在超级诱饵，才能持续不断地激励群成员分享和吸引新成员入群。那么，超级诱饵怎么设置呢？

¤ 确定诱饵 ¤

社群裂变的本质是分享，激励分享的是诱饵。设置一个超级诱饵，可以帮助你在裂变的道路上脱颖而出。

在确定诱饵时，运营者首先要明确三个原则：

1. 需不需要

利益是用户需要的，他们才会去分享。例如用户点外卖分享优惠券，下次点外卖时，优惠券可以直接抵扣。对于经常点外卖的用户而言，优惠券就是迫切需要的。

2. 适不适合

适合用户的产品，才能一直被用户喜欢。简单举个例子，用户需要购买一个背包，面前有两个选择，一个价格999元，一个价格99元。这两个背包都可以满足用户需求，但是用户的消费水平限制他只能买 99 元的。

设计裂变诱饵时，运营者需要对用户进行定位，判断诱饵是否适合用户的消费水平。

3. 能不能解决

能快速解决用户需求的诱饵，才会被用户分享，产生病毒式裂变的效果。运营者设计裂变诱饵时，先要找到用户的痛点，然后根据痛点设定利益点。例如，用户迫切地想要减肥，你就可以将减肥产品设置为诱饵。用户邀请 10 个好友后，就可以获得减肥大礼包。

超级诱饵一般具有三个特点，如表 3-1 所示。

表 3-1

超级诱饵的特点	内容
实用	诱饵必须具有实用性，比如一个记事本、一把雨伞或者一个鼠标垫，用户可以直接看到这些诱饵的用途，用户看到了就会想要
通用	诱饵不需要冷门，适合的人越多，能吸引到的人才会越多
低成本	诱饵的成本足够低，才能降低获客成本。可盘点现有库存礼品、人工等，譬如帮商家做引流活动，免费获得护理体验等。成本最低的诱饵是可以无限复制的网络资料

根据用户特性，选择合适的诱饵才能事半功倍。一般来讲，

常用的超级诱饵有五类，如表 3-2 所示。

表 3-2

超级诱饵常见类型	内容
实物礼品	实物类的诱饵很多，有纸巾、杯子、笔等。这类礼品虽然单价低，但比较实用，受众广，很受欢迎
虚拟电子资源	指各种电子资料，比如电影、学习资源、考试资料等。可以针对不同的受众，设置不同的电子资料
线下活动	线下活动诱饵的成本较高，但是能获得高质量的用户。线下活动一定要做好活动现场以及活动后的转化，否则很容易让这些钱打水漂
课程	课程类的诱饵可以是自己制作的课程，用户可以通过进群领取，也可以以较低价组团购买
人脉和信息	以人脉和信息为诱饵，吸引用户加入社群，如微商交流群、互联网运营人员交流群、摄影爱好者交流群等。这种类型的诱饵需要强调门槛，以保证用户的精准性

此外，在确定诱饵的时候，还需要注意诱饵和现有业务或者产品的强关联性，以确保吸引精准粉丝。比如，英语培训课送英语体验课、美妆送试用装、母婴店送婴儿内衣或者玩具等。让用户觉得有用、价值感强，他们才会心甘情愿被你圈粉。

¤ 包装诱饵 ¤

很多女孩子去约会时，会用一个小时化妆，这就是对自己的一种包装，让自己变得更加漂亮、惹人喜欢。运营者确定超级诱饵后，同样需要进行包装，让其变得更加具有吸引力和诱惑力。

1. 价格包装

商品的成本价格为 30 元，售价定为 100 元，然后发送 40 元的优惠券，最终售价为 60 元。商家在用户觉得占便宜的情况下，还能获得 30 元的利润。运营者确定诱饵产品后，可以借势特殊节点如中秋节、"双十一"等，推出优惠活动，吸引用户参加。

2. 价值包装

"30 天学会说英语""20 天让你年轻 10 岁"……这就是一种价值包装，明确点出诱饵可以给用户带来什么利益，就可以打动有需求的用户。

4. 策划文案：可直接套用的模式

　　社群活动需要通过文案来展现，一篇好的活动文案，可以快速吸引用户。下面，我们来讲解一下常见的几种可以直接套用的文案模式。

¤ 痛点型文案 ¤

　　痛点，就是用户未被满足的需求点。抓住用户的痛点写文案，满足他们的需求，能快速吸引用户关注。

　　马斯洛需求层次理论表明，人类有五种需求，它们如金字塔一般排列。越往下的需求不被满足时，人们就会越恐惧，如图3-2所示。

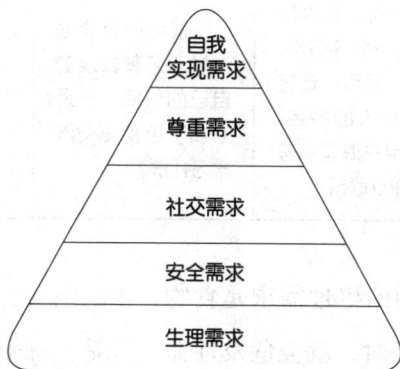

图 3-2

表 3-3

痛点	内容	案例	适用社群
补偿心理	用户花费大量精力完成某件事情后，会做让自己快乐的事情补偿自己，如购物、旅游、享用美食等	用户每天忙于工作，到了"十一"长假，看到社群中发送的旅游海报，决定报名参加，犒劳一下自己	产品型社群旅游型社群美食型社群
感知落后	当用户察觉自己落后时，会立马寻求改变途径	周围的同事都会PS，为了提高竞争能力，用户会参加PS交流学习社群	知识型社群
稀有心理	产品的数量越少，越能够刺激用户购买。直接限制数量，如"仅有100个名额"，击中用户的稀缺心理	某产品全球限量100份，购买到产品的用户就会产生"人无我有"的优越心理	产品型社群知识型社群
理想身份	产品可以帮助用户获得某一特定身份，或使用产品可以让其具备某种人的特点。需要把用户渴望标签与产品建立联系	某用户想要通过学习芭蕾舞改变自己的气质，于是添加了芭蕾舞交流学习社群	技能培训型社群兴趣型社群产品型社群

例如，人们的生理需求是食物、水、空气、睡眠等，当这些需求不被满足时，就会危及性命。但是，每个人的痛点是不

同的，你的痛点可能是吃不饱饭，他的痛点可能是学习成绩太差……我们需要将需求与心理相结合，从心理学的角度分析，人们的痛点是否具有一种共性的特点，如表3-3所示。

创作痛点型文案时，运营者首先要找到产品的目标用户，分析他们未被满足的需求是什么。然后列举产品优势，找到符合用户需求的那一点，最后进行文案创作。

¤ 热点型文案 ¤

热点是当下比较热门的事件。运营者经常会在文案中添加热点，快速吸引用户的注意力。创作热点型文案时，运营者要了解具体流程，如图3-3所示。

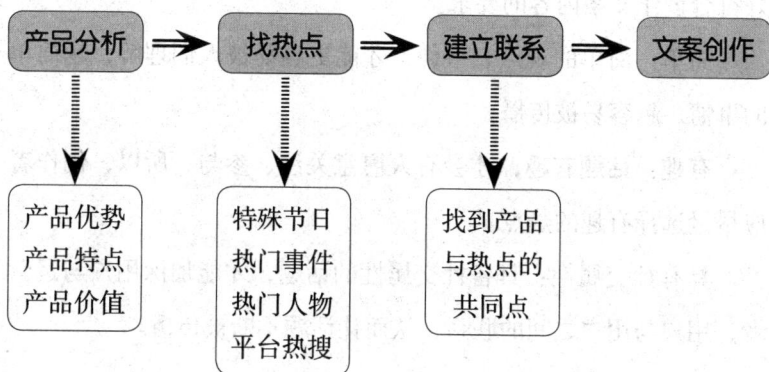

图 3-3

例如，你运营的是一个产品型社群，主打衣服、配饰和鞋子。现在一些综艺节目非常受年轻人欢迎，你的文案就可以为："××节目同款衣服，你喜欢的都可以在这里买到。"

蹭热点时，运营者若不了解事件发生的整个过程，很容易踩雷。为了避免踩雷，运营者需要注意下面几点：

1. 时效性

热点是具有时效性的，且周期一般比较短。例如节日节点，其关注度最高的是在节日当天。节日之后，关注度会迅速下降。在节日后几天，运营者还讨论相关话题，很容易引起用户的反感。

2. 传播性

热点话题具有传播性，话题度越高，传播度越广。传播性话题具备三个特点：简单、有趣和具有社交属性。这三个特点，恰好符合创作文案内容的要求。

简单：简单的观点、事件，才能更容易被人们理解，越简单的事情，越容易被传播。

有趣：话题有趣，才会有人愿意关注、参与，所以，创作者应尽量选择有趣的热点。

具有社交属性：具备社交属性的话题，才能加深用户与运营者、用户与用户之间的联系，从而让话题不断被传播。

3. 拒绝负面内容

借势负面热点，具有一定的危险性，很容易引发用户之间的口水战。运营者在借势热点时，不要一味迎合观众，最好避开政治热点、负面热点和有争议的热点等。

¤ 情怀型文案 ¤

每个人都有情感需求，情怀型文案，最容易打动人心。例如，江小白的文案"愿十年后，我还给你倒酒；愿十年后，我们还是老友"，讲述的就是友情。

在写情怀型文案时，运营者可以遵循这样的套路，如图3-4所示。

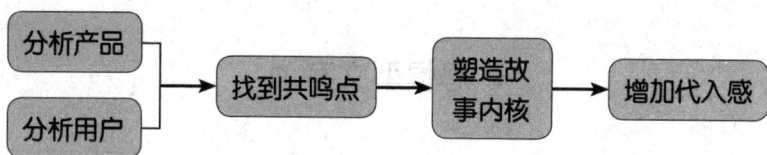

分析产品 分析用户 → 找到共鸣点 → 塑造故事内核 → 增加代入感

图 3-4

分析产品。即分析产品的特点，这些特点不再局限于原材料、生产时间等表面特质，而是赋予产品更深的价值。例如，钻石只是珠宝的一种，但是它本身坚硬的质地成为忠贞爱情的代表，赋予了钻石更高的价值。因此，在运营一款产品前，你首先要赋予产品某种情感价值。

分析用户。即通过分析用户的经历、生长环境等因素，寻找目标用户的共同特点。

找到共鸣点。即建立产品与目标用户的联系。常见的情感共鸣点有爱情、友情、亲情、思乡之情、爱国之情等。运营者只有找准情感切入点，才能让用户对产品感同身受。

塑造故事内核。为产品塑造一个故事内核，可以让社群文案变得更有可看性和感染力。故事内核可以是创业、梦想、爱情等，围绕产品契合用户需求。

增强代入感。创作文案时，一定要增强代入感，即让用户看到文案就觉得与自己相关。只有这样，他们才会马上行动起来，添加社群。

¤ 恐惧型文案 ¤

人们在感到恐惧时，往往会立马行动。利用人们的恐惧创作社群文案，能快速实现涨粉的目的。

创作恐惧型文案并不难，运营者只需要遵循两个要素，如图3-5所示。

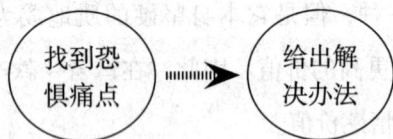

找到恐惧痛点 ➡ 给出解决办法

图 3-5

恐惧型文案，是指让用户看到文案后"细思极恐"，怀疑自己是否存在这些现象，进而产生压力，并在压力的刺激下，立马寻求方法来解决这个问题。

找到恐惧痛点。运营者创作文案时，一定要找准用户的恐惧点。例如，女性害怕变胖、男性怕变穷、老人怕变老……划分用户属性，寻找同一属性用户的恐惧点，然后与产品联系起来。

给出解决办法。找到用户的恐惧点并不是结束，最重要的是你要告诉用户，你的产品可以解决这个问题。例如，你运营的产品是竹炭袜子，社群文案就可以为："脚气是穿出来的，有68%的人有脚气是臭袜子所致。竹炭防臭袜，29.9元5双。"文案中，既分析了患脚气的原因，又直接给出了解决办法。害怕得脚气的用户，就会立马去购买袜子。

创作恐惧型文案时，运营者要注意四个原则：

1. 找到的恐惧点一定要足够吓人。

2. 在文案中一定要给出具体解决问题的方法，且方法真实有效。

3. 解决方法不要太夸张，要能获取用户信任。

4. 方法需要方便用户执行，例如直接购买产品。

同时，运营者一定要掌握好分寸，文案不要过分夸张，以免引起用户过分恐惧。否则，只会让用户心中产生不适，进而点击"×"关闭文案。

¤ 焦虑型文案 ¤

随着年龄的增长，来自生活、学习、职场、社交等的压力，会让人们的焦虑感越来越严重。人们一旦感到焦虑，就会立马采取行动缓解自己的焦虑。

将用户的焦虑巧妙地运用到文案中，很容易刺激用户去行动。例如，你运营的是知识型社群，只要在文案中体现出用户对知识的需求，让他们产生焦虑感，他们就会进入社群学习。

那么，焦虑型文案怎么创作呢？运营者可以从三个方面入手：

1. 对比产生差异

创作焦虑型文案时，一般会运用对比手法，将用户与参照群体相比较。当参照群体比用户更有成就、更优越时，用户心中就会产生焦虑感。

例如，运营者是做教育培训的，就可以写一篇文案为"3个月，他从月薪3000变成月薪3万"。这篇文案的用户群体就是月薪3000元的上班族，他们可能一直安逸地做着月薪3000元的工作，没有什么焦虑感。

但是，当他们看到同一层次的人从月薪3000元变成了月薪3万元，对比之下别人比自己更优秀时，他们就会产生焦虑感，然后进入社群，寻找提高薪水的方法。

运营者在选择参照群体时，尽量选择相同层次的人进行对比，这样才能更好地刺激用户。若是将用户的薪水与中国首富的薪水进行对比，即使首富的薪水再高，用户心中也很难产生波澜。

2. 创造不定效果

当所有人都处在同一条水平线上的时候，没有人会想去改变。但是，当其中某一个人发生了积极的改变，并产生了明确的效果，就会刺激他人也做出积极改变，这就是鲇鱼效应。

运营者可以在社群文案中不断创造各种优越场景，让一个群体中出现一个更高级的身份，使整个群体的人产生焦虑，进而采取行动，添加社群。

3. 利用损失产生焦虑

当人们感知到自己正在失去某件东西时，他们就会产生焦虑，寻求解决办法。例如，你运营的是一个时间管理社群，文案可以为"你每天的有效时间，只有10分钟"。当用户意识到自己每天都在浪费大量的时间时，他们就会产生恐惧和焦虑，然后进入时间管理社群，学习如何合理分配自己的时间。

¤ 趣味型文案 ¤

趣味型文案，通常可以为用户带来新鲜感，让用户眼前一亮，愿意去分享。创作趣味型文案的技巧，有下面几个。

1. 改变表达方式

当你想不出有趣的文案时，你不妨改变文案的表达方式。就像芝麻信用的文案（如图 3-6 所示），直接将文案的表达方式拉长，既突出了本身的信息点，又让用户觉得非常有趣。

图 3-6

改变文案表达方式的方法有很多，如拉长语调、只写重点信息、使用短句等，都可以打破用户的认知常规，吸引他们的注意力。

2. 多用新颖词语

将网络流行语运用到文案中，能提高文案的趣味性。某餐馆的一则文案为"我们的空调和你前任的心一样冷"，将空调与前任联系起来，既有趣又能刺激前来就餐的客户拍照分享朋友圈，提高餐馆的传播率。

日常生活中，运营者可以建立自己的素材库，多收集一些新颖词语、网络热词、热门文案等。创作文案时，可以直接从素材库中寻找灵感。

3. 说用户心里的话

以有趣的方式说出用户心里的话，就能吸引他们关注、分享。例如，"不要建议，只要钱"，这样的文案，直接说出了用户心中的想法，更容易引发共鸣。

创作这种类型的文案时，运营者要精准地找到用户的喜好点，直接用事实做文案。比如，现在很多年轻人享受独身主义，就可以写文案为"是的，我单身我快乐"，符合用户的生活态度，从而获得他们的喜欢。

4. 巧妙运用冷知识

当文案中出现人们不知道的冷知识时，用户就会产生好奇心，进而仔细阅读文案。例如，北京孔雀城曾推出过这样一则文案——"我爱北京天安门正南50里"。若是没有这则文案，人们不会知道天安门南边50里的位置是孔雀城。还有"70%的人不可以放大缩小自己的鼻孔""牛拉碾子轧牛料是中文里最难快速朗读的话"……这些文案可能与产品没有太大的关系，但是可以帮助文案吸引用户的注意力。

趣味型文案的核心就是打破人们的常规认知，通过有趣的内容降低用户的心理防线，提高文案的转化率。设计趣味点时，运营者要注意尺度，拒绝低俗搞笑。

¤ 权威型文案 ¤

权威型文案是通过塑造文案的权威性，来获取用户信任的。怎样才能突出文案的权威性？运营者可以利用下面几种方法：

1. 列举奖项

想要证明自己的实力，比赛奖项就是最好的说明。运营者可以根据社群类型，在文案中列举参加过哪些比赛、获得了什么奖项。比赛尽量选择大型、网络上可以查到的，方便用户查证。

2. 真实数据举例

在文案中列举真实数据，可以增强用户信任感。例如，教育培训社群可以列举有多少人学会了技能并找到了高薪工作；减肥社群可以列举帮助了多少人减肥成功，重获美丽人生；电商学习社群可以列举有多少人成功开店……

真实数据可以证明这种方法的成功并不是偶然，而是真实有效的，用户可以放心进入社群学习。

3. 树立专家形象

当说某个人是某一领域的专家时，人们会产生"他说的话一定很专业"的感觉。因此，运营者可以为自己打造一个专家形象，或者与真正的专家、大V合作，提高文案的权威性。

4.权威机构认证

若是某件产品获得了权威机构的认证，人们就会相信它的质量。例如，一款精华液在宣传时说，其含有"某某胶原蛋白"，能够真正进入人体皮肤的真皮层，起到保养的作用，被质量监督检验检疫总局授予"重点新产品证书"。比起只描述效果，这样显然更容易赢得用户的信任。

运营者可以将自己的产品送去权威机构检测，然后在文案中晒出自己的资质证明。若是运营者的产品获得了某项专利，可以直接将专利证书放上去，效果更好。

谨记，不论是奖项、证书还是数据，运营者都不能造假欺骗用户。一旦用户在社群里爆出被欺骗的真相，就会让你信誉扫地，得不偿失。

5. 制作海报：如何设计才能高传播和高转化

一张有卖点的海报，才能被广泛传播和获得高转化率。社群的推广海报一般包含四项内容：标题、活动内容、活动规则和二维码。设计海报，并不是将这些内容放上去就可以了，需要注意六个原则。

¤ 明确标题 ¤

标题往往处在最显眼的位置，是整张海报的视觉核心。设计标题时，运营者需要对标题的内容和字体进行设计，既要让用户明白海报内容，又要为用户带来舒适的视觉体验。下面，我们来看一下标题的设计要点。

1. 点明主题

直接在标题中点明主题，快速向用户传递最有用的信息，如图 3-7 所示。近几年，人们一直强调回归大自然，乡村旅游恰好可以满足用户亲近大自然的需求，吸引用户报名。当运营者的产品能够解决用户的需求时，不需要过分包装，直接点明主题即可。

图 3-7 图 3-8

2. 给出利益

直接在标题中给出利益，就能吸引用户的注意力，如图 3-8
所示，标题为"消费 100 送 100"，送的 100 元代金券就是用户可
以直接获得的利益。

在利益型标题中，运营者要套用"动词 + 利益保证"句式，
如"按照这个食谱吃，七天瘦出小蛮腰""学会这个方法，四六级
不再是问题"……利益一定是用户的痛点，可以吸引精准用户。

3. 标题简明扼要

海报的尺寸有限，但是需要容纳的内容很多。所以，标题的字数不能太多，能够简明扼要地传递出重点信息，吸引用户关注即可。

4. 色彩搭配明显

设计标题时，运营者不要单纯地只使用黑色，合理的色彩搭配，才能让标题更加引人注目。色彩搭配一般采用对比色，如白与黑、冷色调与暖色调等，带给用户强烈的视觉碰撞。

5. 标题位置合理

标题设计完成后，接下来的工作就是确定标题的位置。海报的中心是标题的黄金位置，其次是上下位置，最后是四角位置。标题位置，需要根据海报内容和整体效果来把握。

设计海报时，运营者尽量保持字体统一。即使想要突出标题，海报的字体也不要超出两种样式，避免造成用户阅读困难。

¤ 内容卖点 ¤

产品有卖点，才能吸引用户购买。运营者设计海报内容时，一定要突出产品卖点，即突出产品的差异化。提炼产品卖点，运营者需要遵守下面三个原则。

1. 了解产品信息

在提炼产品卖点前，运营者首先要充分了解产品信息。产品信息包括原材料、生产工艺、产品功能、销售模式、价格和优惠、销售场景、消费体验、目标人群和售后服务等。我们以皮鞋为例，具体讲解一下。

原材料，纯牛皮；生产工艺，纯手工；产品特点，舒适，不会走形；销售模式，线上与线下同步销售；销售价格，399元，买一赠一；消费场景，上班、谈业务比较正式的场合；消费体验，顺丰包邮；目标人群，上班族；售后服务，7天内无理由退换，一年质保期。

2. 了解用户需求

目标用户急需解决的问题是什么？目标用户关心的产品细节是什么？目标用户使用产品的场景是什么？找到用户的痛点，然后将其包装为产品卖点，就可以激发用户的购买欲望。

了解用户需求，可以使用两种方法：市场调研和搜索关键词。

市场调研：邀请一部分目标用户做问卷调查，或查看相关产品的用户评价，提炼出用户关心的点是什么。

搜索关键词：在搜索引擎中输入产品名称，如百度、淘宝，查看出现频率最高的相关关键词，这些关键词就是用户最关心的。

3. 竞品分析

搜索同类竞品的海报，分析海报突出的产品卖点是什么，然后将他们的卖点进行升级，转化为自己的卖点。例如，产品是一款保温杯，竞品的卖点是保温效果好，你的产品卖点也是保温效果好，那就可以将卖点包装为"12小时锁温"，直接将效果具体化，让用户更有概念。

4. 提炼产品卖点

前面三点做好后，运营者就可以筛选产品的差异化特点，然后与目标用户的需求联系起来，这就是产品的卖点。注意，运营者在策划活动时，内容要通俗易懂，便于用户理解。

¤ 信任背书 ¤

用户看到海报后是否会购买产品，取决于海报的内容能否获取他们的信任。如何才能让用户产生信任感，可以从下面几点入手：

1. 创始人背书

当我们没有太多资金去营销推广时，可以从创始人的背景、经历入手，打造个人品牌，获取用户信任。

褚橙就是通过讲述创始人的经历来打造用户信任机制的。褚橙的宣传海报中，会添加褚时健的个人经历和创业精神，并将产品精神与创始人精神联系在一起。

打造创始人个人品牌的途径有软文推广、视频讲座、电视广告、出书等，运营者可以根据自己的需要选择合适的方式。当创始人有了知名度后，再为产品进行信任背书，更有说服力。

2. 品牌背书

有知名度的品牌产品，拥有自己的用户市场，如格力电器，已经获取了用户的信任。当营销的是品牌产品时，运营者可以直接在海报中突出品牌的名字，为产品背书。

3. 真实案例背书

真实的案例和照片，最容易带给用户真实感。在设计海报内容时，运营者可以直接使用真人照片和真实案例来增加用户的信任感。

例如，你运营的是减肥产品，可以在海报上放一组用户减肥前后对比照，并配以文字说明。

使用真实案例进行信任背书时，运营者一定要获得当事人的授权，避免侵犯他人的肖像权。

4. 明星背书

明星往往自带话题和流量，且容易获取粉丝的信任。若运营的产品请过明星代言，运营者可以直接将明星的照片放在海报上，把粉丝对明星的信任转嫁到产品上。

5. 名人、意见领袖背书

当看到自己喜欢的网红、名人或意见领袖推荐的产品时，粉丝一般会毫不犹豫地购买。如很多粉丝会购买知名主播推荐的产品，这就是名人效应。运营者可以请网红或名人推荐自己的产品，并在海报上添加"×××推荐产品"的字眼。

6. 媒体背书

若是产品被知名媒体推荐过，可以快速获取用户的信任。例如，某件产品获得了CCTV推荐，就能获取用户的信任，影响他们的判断和购买行为。

¤ 活动规则 ¤

在海报上，运营者可以编写活动规则，对活动做进一步阐释。

编写活动规则时，需要讲清楚活动玩法，我们以"限时半价"活动为例，运营者可以这样写：

1. 商品数量有限，以实际数量设置为准，商品被抢购完后，活动结束；

2. 半价商品不计入满减优惠中，不支持使用优惠券；

3. 用户符合规则，结算时自动减价；

4. 半价商品根据用户实际支付金额开具发票；

5. 活动期间，每个账号限购一件，同一手机号、地址、收件人均为一个账号；

6. 若发生退货行为，只退回实际支付金额。

运营者在设置活动规则时，要紧扣产品。若是不会写，可以先确定活动是什么，然后上网搜索一下这类活动的常见规则有哪些，直接套用到自己的产品上。海报上的活动规则篇幅不要太长，避免占据太多海报空间。

¤ 制造紧迫 ¤

越是稀缺的产品，越能勾起用户的好奇心，激起他们的购买欲望。在设计海报内容时，运营者可以通过限时、限量和定时涨价等手段，为用户制造紧迫感，提高转化率。

1. 限时

限时策略，是制造紧迫感最常用的方式之一。在活动海报上限制一个时间点，在这个时间点内，用户可以用优惠的价格购买产品。超过这个时间后，产品将恢复原价，从而让用户产生紧迫感，如图 3-9 所示。这类活动的惯用套路就是：距离活动结束仅剩 3 小时、限时 6 小时、6 月 5 日至 6 月 6 日有效等。

图 3-9

2. 限量

限制产品的数量，也可以为用户制造紧迫感，如在海报上直接写"免费名额仅剩 30 个""前 500 名半价购"等。

3.定时、定量涨价 ···

　　定时、定量涨价，是指到达某一个时间点或成交到某一数量后，价格上涨多少钱。例如，产品销售一个小时后或销售1000件后，涨价5元，依次递增。用户若是想要购买低价产品，就必须马上行动。

¤ 智能活码 ¤

　　设计完海报内容后，运营者需要添加一个转化入口，将用户有效地转化到社群中。海报最常用的转化入口是二维码，用户直接扫描就可以添加，如图3-10所示。

　　二维码有静态和动态之分。静态码是指生成之后不可修改的二维码，适合固定不变的内容。运营者可以直接将社群的群二维码放在海报上，用户扫描后直接添加群。

☎ 021-80187116

图 3-10

　　动态二维码，即智能活码，某内容形式比较多样，可以是文本、图片、名片、视频等。若是活动发生了变化，运营者可以在后台直接修改内容，不需要再次添加二维码。

制作智能活码时，运营者可以借助微信智能活码小程序，直接生成。也可以借助其他软件，如草料二维码生成器，生成自己的智能活码。

除此之外，运营者还可以直接在整张海报上添加超链接，用户点击海报，就会跳转到活动场景或添加社群页面，比识别二维码更方便，有利于用户转化。

6. 落地实战：优化再优化

活动策划完成上线之前，运营者需要对其进行优化。优化内容包括工具选择和活动裂变测试两方面。下面，我们分别来看一下。

¤ 工具选择 ¤

运营社群时，我们要重视工具的选择。社群运营工具功能齐全，既可以帮助运营者裂变用户，又能进行精细化运营。例如，裂变工具帮助运营者不断引流新用户和了解用户意向，进行精准推荐。

社群运营工具有很多，运营者需要选择适合自己的。下面，我们来具体看一下常见的运营工具有哪些。

1. 裂变增长工具

社群裂变工具有很多，如进群宝、建群宝、推精灵、八爪鱼和任务宝等。这些裂变工具，可以直接对接群二维码，方便用户扫码进群。当微信群满 100 人后，裂变工具会自动更换另一个群二维码，无须人工切换。

我们以进群宝为例，具体讲解一下操作步骤。

步骤一：登录账号。在电脑端登录进群宝账号，进入后台后，点击"任务列表"，在页面右上角找到"新建任务"按钮，如图 3-11 所示。

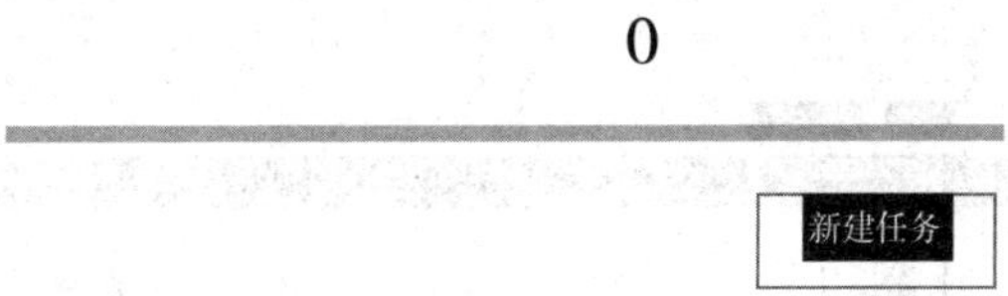

0

新建任务

图 3-11

步骤二：新建任务。点击"新建任务"，填写群名称、群标签、群编号、群主昵称、机器人昵称等内容。填写结束后，点击"确认"按钮。

任务设置完成后，无法再次更改。运营者在点击"确认"按钮前，可以进行任务测试，如图 3-12 所示。确认各项信息填写和任务运行无误后，再点击"确定"按钮，完成任务裂变的创建。

任务名称：测试任务一

群主号昵称：群主号昵称　　任务号昵称：任务号

任务创建完成后，该任务下将自动产生以下群聊

序号	群聊名称
1	测试任务—标题 ——1
2	测试任务—标题——2

总计消耗：400 群豆（200 群豆 /30 天）

图 3-12

步骤三：制作活码。在"任务列表"找到"任务活码"选项，下载活码，如图 3-13 所示。右键点击"二维码"即可下载。活码下载后，可以放到裂变海报、微信群中，用户扫描二维码，即可进群。

任务名称	任务活码	总群数	总群成员数	总进群人数	总活码访问人数	操作
自动初群测试任务 创建时间: 2018-07-25 10 : 20		2	10	10	0	群称表　设置√　任务信息

图 3-13

步骤四：群内设置。点击"任务列表"→"设置"→"群内设置"选项，根据要求设置入群话术、验证审核话术、踢人规则等。

设置完成后，运营者便可以进行引流裂变了。

2. 客户管理工具

在私域流量中，常见的客户管理工具有 WeTool、微友助手和小 U 管家等，其中使用最多的就是 WeTool 了。运营私域流量时，账号会在短时间内拥入大量用户，单靠人工，无法快速进行甄别筛选有效用户。

WeTool 的功能非常全，有多账号管理、编辑排版、数据分析、机器人自动回复、群活跃统计和标签群发等功能，能够满足运营者需求。

Tips：苹果电脑无法登录 WeTool 的解决办法

很多用户反映苹果电脑无法登录 WeTool 账号，也无法用手机进行管控。这个问题其实很好解决，运营者只需要安装一个虚拟主机即可。

虚拟主机的价格并不贵，运营者购买安装后，就可以使用苹果电脑和手机登录 WeTool，进行社群管理了。

3. 数据分析工具

数据分析可以帮助企业和商家更好地运营私域流量，找到精准目标用户。常见的数据分析工具有图图转和海豹裂变。

图图转是一个微信公众号，用户可以直接在微信搜索，能够帮助运营者分析文章的各项数据。例如，运营者通过图图转创作了一篇文章，将链接分享出现，就可以通过图图转查看阅读人数、阅读用户和阅读时间。这些数据可以帮助运营者分析用户喜好，创作出用户喜欢的文章。

海豹裂变是一个小程序，可以为运营者提供数据追踪、分析等服务。明确的数据，可以让营销效果变得一目了然，让运营者明白问题出在了哪里，该如何解决。

4. 其他工具

运营者利用微信群进行裂变时，有时会用到网址。但是，一般网址都很长，影响字符长度和观看效果。运营者可以通过工具将长网址转换为短网址。常用的网址转换工具为小蚂蚁编辑器，下面我们来看一下操作步骤。

步骤一：打开小蚂蚁编辑器，在任务栏找到"新媒体助手"选项。

步骤二：点击"新媒体助手"下的"短网址"选项。

步骤三：在文本框中输入长网址，点击"生成"按钮，就可以生成短网址。点击"复制"按钮，运营者便可以直接使用短网址。

¤ 活动裂变 ¤

活动策划完成后，运营者需要测试它的裂变效果，通过数据分析找到效果最佳的那一个，并不断完善测试过程中出现的问题。下面，我们以微信社群的海报活动裂变为例，具体讲解一下。

1. 前期准备

运营者设计几种风格不同的海报，测试整体效果。在测试时，运营者可以从下面两点入手。

身边人测试：选择从未见过海报的同事或朋友，让他们分别观看几张海报 7 秒钟，然后说一下看到了什么，来测试海报是否能快速传递有效信息。

小范围用户测试：选定一部分用户，让他们观看海报，选出最愿意分享的一张，分别统计几张海报的裂变率。裂变率 = 裂变参与人数 / 活动推广人数。当海报的裂变率大于 1.2 时，运营者就可以全力推广此活动。

测试结束后，运营者就可以通过海报传递的有效信息和裂变率，选择效果最好的一张海报，然后再测试整个活动流程。

2. 活动流程测试 ....

在策划活动时，运营者可以多设计几种活动方式，测试每个活动的转化效果，通过对比选择效果最好的一个。我们以知识型社群为例，常见的活动流程有下面几种。

活动一：进群分享、回复获得听课资格

感兴趣的用户看到活动海报后，扫码进入社群，转发截图给客服后才能获得听课资格，若是想要获取资料，必须关注公众号，如图 3-14 所示。

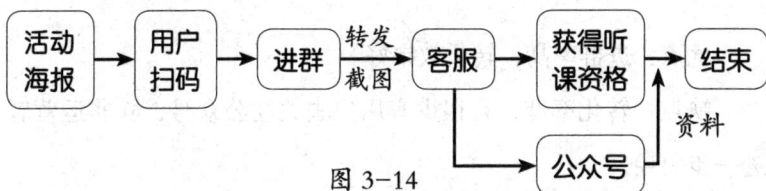

图 3-14

优点：转发率高，且会关注公众号。

缺点：进群率高，但是转化效果低，很多用户不愿意转发，进而退群。

活动二：转发进群获得听课资格

感兴趣的用户看到活动海报后，先转发才可以添加社群，然后获取听课资格和资料，如图 3-15 所示。

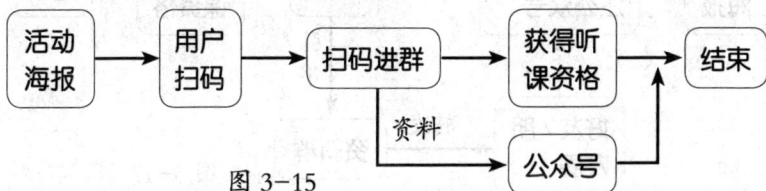

图 3-15

优点：转发率高，且会关注公众号。

缺点：进群率低，很多用户不愿意转发，直接关闭活动页面。

活动三：扫码进群直接获得听课资格

感兴趣的用户扫码进群后，无须其他操作，可以直接参加课程和获得资料，如图3-16所示。

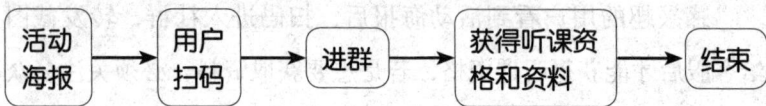

活动海报 → 用户扫码 → 进群 → 获得听课资格和资料 → 结束

图 3-16

优点：进群率高，转化效果好。

缺点：转化率低，且很少有用户去关注公众号，除非运营者进一步引导。

活动四：扫码关注公众号，客服引导进群

感兴趣的用户扫码关注公众号后，需要发送关键词给客服，获得上课卡，然后在客服的引导下进入社群，参加课程和获取资料。进入社群的用户需要将活动转发给好友或朋友圈，实现循环裂变，如图3-17所示。

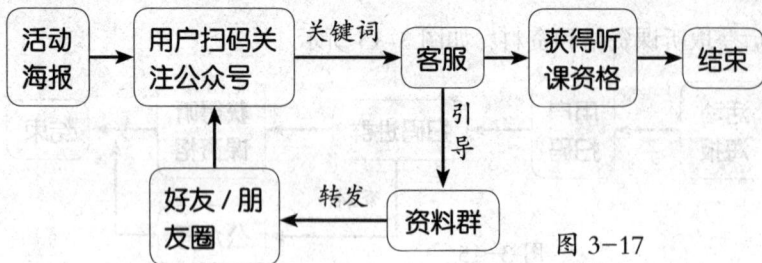

活动海报 → 用户扫码关注公众号 →（关键词）客服 → 获得听课资格 → 结束
客服 →（引导）资料群
资料群 →（转发）好友/朋友圈
好友/朋友圈 → 用户扫码关注公众号

图 3-17

优点：公众号关注量高，转发率高。

缺点：进群率低，转化率低，很多用户认为操作太麻烦，不愿进入社群。

活动流程测试结束后，运营者需要对四种活动模式重新进行复盘，选择效果最好的一种模式。通过对比，我们发现转化效果最快最好的是第三种活动模式。这种活动模式，可以直接触达用户，裂变流程比较简单，无须用户太多操作。

使用第三种活动模式时，运营者需要设计一个超级吸引人的活动海报，吸引用户进入社群。然后，运营者需要持续不断地输出有价值的知识，增加用户的留存率。

但是，在使用第三种活动模式时，社群可能会因为短时间内进入太多人而被封号，需要运营者提示用户"先添加好友再进群"。这样虽然会增加运营者的工作，但是社群的安全性会大大提高。

在设计活动时，没有人可以一次将所有细节都做到最好，需要通过一次次的测试调整，才能找到最佳模式。在设计活动的过程中，运营者可以做一个小范围的用户调查，根据用户需求来调试活动细节。

¤ 风险控制 ¤

推广裂变活动时，运营者要做好风险控制，避免活动因意外而失败。运营者需要注意下面几点：

1. 尽量不要在文案中出现"返利""分享"等诱导性词语，以免被封号；

2. 若参加活动的用户人数太多，运营者需要提前建好至少三个社群，避免因为社群人数限制导致用户流失；

3. 若参加活动的用户人数太多，运营者可以提前聘请客服，做好咨询准备；

4. 运营者要实时盯紧和分析活动数据，根据用户反馈及时优化活动细节。

运营者策划完活动后，不要急着上线，可以重复一遍活动策划步骤，看是否有漏掉的地方或更好的解决办法。通过不断调整，让活动方案更加完善。

04

留存：
用快准狠的方式
构建信任

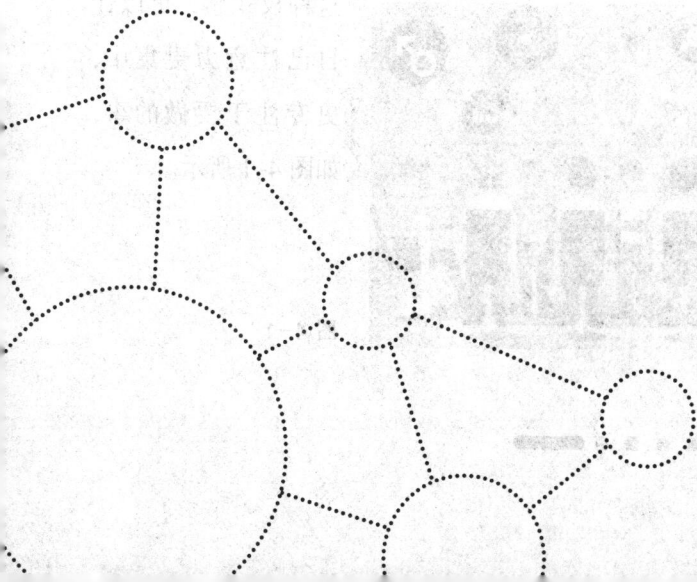

1. 情感满足：打造有凝聚力的社群

当用户的情感得到满足后，他们就会成为社群的忠实成员。社群的忠实成员越多，凝聚力越强。怎么提高用户的忠实度，运营者可以遵循下面三个原则。

¤ 仪式感 ¤

小时候玩纸飞机时，会朝着纸飞机哈一口气再投掷出去，觉得只有这样，飞机才会飞得更远；大了玩飞镖时，会闭上眼睛深呼吸一口气，再睁眼投掷飞镖，觉得只有这样，才能看清楚几米外的靶子，投掷得更准。

其实，这样做既不能改变环境，也不会提高自己的技艺，但这种仪式感，可以让自己注意力更集中，更专注于要做的事，如图 4-1 所示。

图 4-1

这个道理同样适用于社群，运营者通过某种方式为群成员打造仪式感，实际上就是不断向群成员暗示社群的重要性。打造群成员仪式感的方式有四种。

1. 入群仪式感

运营者可以设置一个入群仪式，就是每个用户入群后必须做的一件事情。例如，用户进入社群后，必须做自我介绍，然后群主可以发一个红包欢迎新人入群。

2. 时间仪式感

运营者需要在固定时间举办固定的活动，利用时间让群成员产生仪式感，让群成员知道什么时间做什么事情。

3. 活动仪式感

当社群举行活动时，必须举行仪式。例如，十点读书社群，每次开启读书训练营时，都会让群成员参加开营仪式，结束时举行结业仪式。活动仪式会让群成员更加认真对待这100天的训练。

4. 推荐仪式感

用户入群不是通过申请，而是需要社群其他成员推荐。这种入群仪式可以为群成员带来强烈的优越感……"别人都不能入群，我却可以"，对社群产生更高的忠诚度。例如，用户想要成为"罗辑思维"的铁杆会员，不仅要缴纳会费，还需要老会员推荐。

Tips：如何设计仪式感

让用户产生仪式感，对于社群运营很重要。运营社群时，你可以通过两个小技巧，增强用户的仪式感。

1. 设计参与行为

很多社群增加群成员仪式感的做法就是，固定时间安排一个人进社群分享。但是，这样做并不是"聚集一群人做一件事情"，而是"一个人为一群人做一件事情"。群成员没有参与到社群中，自然不会产生仪式感。

运营者想要提升群成员的仪式感，必须设计一个群成员都可以参与进去的活动，例如，轮流坐庄、互相打分、互相投票、荣誉上榜等，强化群成员的仪式行为。

2. 设计触发场景

为仪式感设计一个触发场景，可以让用户形成条件反射。每当用户身处这个场景下时，就会自发地产生仪式感。运营者设计触发场景时，可以从固定时间和固定事件两方面入手。

固定时间：每到某个时间就要做一件事情。例如，读书交流社群固定每周六晚8点都会举办书单分享活动。当用户形成习惯后，每到周六晚8点，他们就会自动进入社群，分享交流自己的书单。

固定事件：每次固定发生某个事件时，用户会下意识地进行同一种行为。例如，在发布会研究社群中，每当有产品发布会结束时，群成员做的第一件事情就是在社群中讨论与发布会相关的事情。这时，触发用户仪式感的事件就是"产品发布会"。

触发场景，实际上是利用"固定时间+固定事件"组合，对用户进行长期的培养强化，让用户形成一种条件反射——每当他们遇到这种场景时，就会立马想去做某件事情。用户被培养强化的时间越长，这种仪式感越强。

例如，测评师王自如，每次有新上市的电子产品，他都会进行测评，而且风格统一。长此以往，他的粉丝只要看到小米、华为等发布新产品，就会第一时间去看王自如的文章。

用户的仪式感越强，对社群的黏性越高。运营社群时，你可以通过上面的方法，为用户塑造仪式感，提高社群留存率。

¤ 期待感 ¤

当群成员对社群产生期待时，他们就会始终保持对社群的黏性和高活跃度。如何提高群成员的期待感？运营者首先要找到让群成员产生期待感的机制，如图4-2所示。

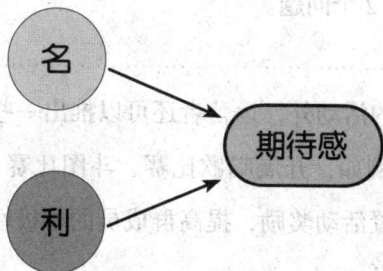

图4-2

具体体现为下面几点：

1. 获得知识

若群成员每次进入社群都可能获得知识提升自己，那他们每次都会怀着期待的心情打开社群。这就要求运营者能够持续向社群输出有价值的信息。

2. 公开表彰

当群成员做了有利于社群的事情时，运营者可以在社群中公开表彰，并给予奖励。公开表扬，既可以确定群成员的贡献，提高其在社群中的知名度，又可以鼓励其他成员多为社群做贡献，以此获得表彰和奖励。

3. 邀请大咖

运营者可以定期邀请某一领域的"大咖"，进入社群分享经验。人们都有慕强心理，当"大咖"讲座成为社群固定活动时，群成员就会对社群产生期待。运营者可以提前定好规则，如"大咖"讲话时，群成员不得随意插话。讲座结束后，可以选取 10 个人分别提 1~2 个问题。

4. 推出活动

除了固定的活动外，运营者还可以推出一些新的活动，带给群成员惊喜。例如，开展唱歌比赛、斗图比赛、小视频展示等。运营者需要设置活动奖励，提高群成员的积极性，让整个社群气氛变得热烈起来。

¤ 归属感 ¤

打造群成员归属感，是社群长久运营的根本。若群成员对社群没有归属感，社群的流动性会很大，不利于社群的稳定发展和后续的产品推广。提高社群成员的归属感，运营者可以从下面几点入手：

1. 固定圈子

当用户进入社群后，发现成员之间的认知、想法和价值观等很类似，他们就会产生熟悉感，进而对社群产生归属感。

运营者创建设群后，需要设置门槛筛选用户，将社群打造成一个用户认可的圈子。

2. 制定群规

在给社群起名称、制定社群规则时，运营者可以与群成员一起讨论，集思广益。当用户参与到社群建设工作时，思想就会发生转变，感受到这是一个真正属于他们的社群，从而更有动力地去推广、传播社群。

3. 参与活动制定

制定活动时，运营者可以让群成员提出自己的建议。例如活动的主题、规则、玩法和奖品等。当运营者听取群成员的意见后，他们就会产生成就感，提高参与活动的热情。

4. 寻找共同爱好

群成员之间拥有共同话题，可以让彼此之间的联系更加紧密。运营者需要分析社群聊天记录，寻找群成员的共同爱好，创建他们感兴趣的话题，吸引他们参与讨论。

社群为一群人提供了一个交流学习的平台，作为运营者的你，可以制定规则，但是不要将其变成自己的一言堂。运营者需要为社群成员营造一个平等、和谐的交流环境，他们才能在社群中找到归属感。

2. 内容满足：持续输出有价值的内容

内容是建立社群的基础之一，也是社群的价值体现。优质的内容，不仅可以持续吸引新成员进群，还可以提高社群成员的留存率。

¤ 有价值 ¤

有价值的内容是社群与群成员之间的联系枢纽。社群只有持续向成员输送有价值的内容，才能保证社群的稳定。有价值内容的核心点，就是能够解决用户的需求，为他们带来帮助。

1. 价值内容的特点

有价值的内容的特点和体现形式，如表 4-1 所示。

表 4-1

特点	内容	体现形式	案例
有用	内容可以为群成员带来帮助，解决需求	干货分享：实用、可信的学习方法 经验分享：已经取得某种成就的人，分享自己的经验	在写作社群中，邀请大 V 分享如何写出一篇 10w+ 文章的方法和自己在创作过程中总结的经验

特点	内容	体现形式	案例
有趣	内容可以引起群成员的兴趣,让他们参与其中	观点分享:发送有趣、有争议的观点、话题	在家庭教育社群中,抛出一个"应不应该限制孩子玩游戏的时间"的问题,会吸引很多家长发言。在讨论的过程中,会让社群形成一个学习氛围
有料	在信息不对称的情况下,让群成员马上获得利益	优惠券:发送群成员需要的优惠券 稀缺信息:不流通、他人难以获得的信息 一手资料:不经历就无法了解的信息	在"北京升学家长群"中,分享升学信息、名校内推名额、名校考试机会以及怎样规划孩子小升初、初升高等。这些信息,很难从没有经历过的人那里了解到

2. 价值内容的编辑

编辑有价值的内容,运营者首先要搭建一个内容框架,如图 4-3 所示,然后再丰富内容,完善细节。

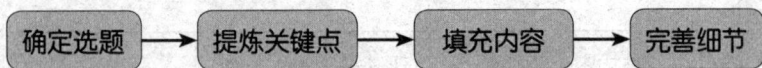

确定选题 → 提炼关键点 → 填充内容 → 完善细节

图 4-3

确定选题。编辑内容前,运营者首先需要分析群成员的需求是什么,再根据群成员的需求确定内容主题方向,然后对群成员的需求进行分类,找出最多、最迫切的需求,确定最终创作方向。

比如，在美食社群中，群成员的需求可能有美食制作、美食购买和当地美食推荐等。运营者调查发现，社群成员最迫切的需求是学会自己做饭，那内容选题就可以确定为"食谱分享"。

提炼关键点。确定内容选题后，运营者需要提炼主题内容的关键点，以"食谱分享"为例，关键点可以为快手菜、养生菜、甜品等。内容可以直接解决群成员需求，用最短时间引起他们的兴趣。

填充内容。确定关键点后，整个内容的框架就出来了，运营者围绕关键点填充具体内容即可。假设关键点是快手菜，运营者就可以整理一些不需要太多工具，十分钟就可以做好的菜谱，分享给群成员。

完善细节。创作完内容后，并不是结束，运营者可以再看一遍内容，看是否有问题。比如内容叙述语气是否高高在上，让群成员觉得不适；内容的篇幅是否太长，为群成员阅读带来负担……编写内容时，运营者应尽量使用第一人称，内容逻辑清晰，方法经验不要超过20条。

运营者要注意，创作的内容是给用户看的，所有内容都应该围绕用户的需求展开，避免自说自话，让用户产生反感退群。

3. 价值内容的输出

输出价值内容时，运营者要注意内容的输出时间、频次和方式，以便发挥内容的最大价值。

输出时间。内容的发送时间并不是随意的，需要运营者提前做好规划。你需要选择一个合适的时间发送内容，例如中午 12 点或晚上 8 点，群成员都处于休息的状态，社群比较活跃，这时发送内容，可以被更多人看到。

运营者要固定自己发送内容的时间，让社群用户形成习惯，不能因为社群一时的活跃或沉寂，就改变输出时间，这样很容易影响整个社群的运营思路。

输出频次。内容输出的次数不是越多越好，当运营者频繁输出内容时，群成员会产生这些内容很普通、不值得阅读的感觉，从而降低内容的价值。运营者每日输出一次即可，最多不超过两次。运营者若想通过内容增加群成员的信任度，可以固定每周日为答疑日，专门解答群成员的问题。

输出内容时，运营者可以制定一个运营周期，分析群活跃和群沉寂的规律、原因，以及群成员对内容的反馈和建议。运营者只有做好数据记录，才能更好地运营社群，发挥内容的最大价值。

◘ 阅读体验好 ◘

运营者除了创作有价值的内容外，还需要注意用户阅读内容时的体验。提升用户的阅读体验的技巧如下：

1. 阅读时长

运营者在社群中发送文章时，若是篇幅太长，很容易让用户产生阅读疲劳。尤其是随着生活节奏的加快，人们的碎片化时间越来越多，更喜欢阅读短小精悍的文章。不论是故事，还是干货，阅读时间都不要超过7分钟，避免用户失去耐心。

2. 内容清晰

创作内容时，不要咬文嚼字，使用一些高大上的词语，让用户看得云里雾里。内容简单明了，让用户一看就懂，他们才会留在社群中。

3. 内容多元化

社群内容不要太过单一，文字只是表现内容的一种方式，还有图片、音频、视频、日报、资料包和脑图等多种方式。

图片。图片是除文字外，最常用的内容表现形式。运营者提炼内容关键点，将其制作成图片，一目了然，更容易吸引用户的关注。

音频、视频。运营者将内容做成音频、视频，一边讲述内容。一边讲解，方便群成员理解。注意，音频、视频的长度不要超过20分钟。

日报。即每天固定某一时间发送信息的合集，节省群成员的时间成本。日报的篇幅比较短，运营者要提炼出信息的重点，避免啰唆。

资料包。即把所有信息打包，以文件的形式发送到社群中，供群成员自由下载。这种方式适用于知识点整理、行业报告、试卷、模板、素材等比较大的内容。

脑图。将一些文章、视频和课程内容的精华提炼出来，做成思维导图，让群成员一目了然，理解起来更加容易。

¤ 内容丰富 ¤

分析一些成功的社群后，我们发现它们具有一个共同的特点：社群内容非常丰富、多样化。一个成功的社群，会吸引很多用户加入，用户的需求也会不断增加。只有内容丰富，才能留住用户。

增加社群内容丰富度，运营者需要增加社群的内容类型。

1. 干货内容

干货就是对用户真正有用的东西，如实用技巧、行业经验等。一个社群中，必须有干货内容，才能留住用户。例如，你购买了一个吸尘器，非常好用，能将灰尘吸得干干净净，你就会喜欢它。

2. 爆炸性内容

定期在社群中抛出爆炸性内容，带给用户惊喜，就能留住用户。这样的信息，一经抛出，往往会立刻形成热烈的传播。

运营者可以适当在社群中发送爆炸性内容，如邀请"大咖"讲课、秒杀活动、发放优惠券等，快速吸引用户的眼球。

3. 用户喜欢的内容

用户的阅读习惯和行为，会随着互联网的发展而发生变化。

例如，互联网兴起的碎片化阅读，让用户的专注力下降，需求的内容变得更加"精简"。创作内容时，我们需要深刻挖掘用户的需求，让社群内容与用户密切相关。根据用户的阅读行为，下面的内容是他们想看的。

共鸣：内容简单清晰，用户能够快速理解，容易产生共鸣。

有真情实感：内容是运营者用心创作的，能够让用户感受到运营者的心意。

垂直：内容与用户具有较大的相关性，对用户具有特殊价值。

4. 正能量内容

正能量内容可以在适当的时机激励用户。例如，用户在社群中学习某项课程，一直没有成果，想要放弃。这时，运营者发送一些鸡汤，可以重新激起用户的学习热情。

丰富社群内容时，运营者要注意不要偏离的社群的核心价值定位，避免产生过多无用内容。

3. 产品留存：发挥产品本身的吸引力

在社群营销中，最能持久留下用户的，就是产品。当用户认为产品物有所值，甚至物超所值时，就会付出信任，留在社群中。

运营社群时，运营者一定要选择好的、对用户有吸引力的产品。我们来看下，哪些产品能留住用户。

¤ 优质产品 ¤

高质量的产品才能留住用户。我们可以换位思考一下，你在社群中购买了一个产品，发现质量有问题，是不是就会马上对社群产生不好的印象，并且失去信任。因此，运营者在选品时，一定要用心。优质产品一般具有下面几个特点。

安全性。产品的安全性越高，越能够获得用户的信赖。产品安全性的具体内容包括原材料安全、使用安全等。

耐用性。产品使用时间越长，越能获得用户的好感。例如，一件只能穿一个月的衣服和一件可以穿几年的衣服，大多数人都会选择后者。当然，一次性消耗品除外。运营者可以根据产品类型来选择耐用性。

实用性。产品越实用，越能留住用户。用户购买不实用的产品时，大多都属于冲动性消费，无法持久。运营者在选品时，要选择对用户有用并且是用户需求的产品。

易用性。产品上手方便简单，更受用户欢迎，而且这样的产品更容易推广。

¤ 高性价比产品 ¤

性价比 = 性能 / 价格，数值越高，性价比越高。性价比越高的产品，越受用户欢迎。人们购物时，天生就喜欢对比，且对比在很大程度上会影响人们的决策。但是，人们判断价值时往往是相对的，可以被人为影响。我们在运营社群时，需要给用户营造产品性价比高之感。提升产品的性价比，运营者可以使用下面两个方法。

价格锚定。当用户无法评估产品价值时，就可以使用锚点。例如，"原价 599 元，现价 99 元"就是利用了锚定效应。599 元就是锚定价格，可以提升用户对产品的价值感知。这种营销手法，可以让用户觉得产品本身的价值就是 599 元。当只用 99 元就可以买下产品时，他们就会觉得产品的性价比非常高。若没有进行价格对比，只有现价 99 元，只会让用户认为产品很廉价。

放大价值。为产品选择一个好的参照物，可以快速突出产品的价值，让用户感知到。例如，在推广某培训课程时，可以选择恰当的参照物来突出产品的价值。首先在推广文案中提出疑问："人民币 1 块钱在今天还能买点儿什么？"然后列举包子、大蒜、玉米、棒棒糖等一系列参照物，与"1 块钱可以试听 8 次课"形成鲜明的对比，突出"试听课"的高性价比。

¤ 特色产品 ¤

产品的特色越明显，对用户越有吸引力。若产品本身具有明显的地方特色，就非常适合做社群。

例如，"霸蛮社"社群，这是一个在京湖南人社群，经营的主要产品就是湖南米粉。在所有食品中，米粉对于湖南人而言具有非常典型的代表意义。为了解决在京湖南人的"思乡之苦"，伏牛堂建立了"霸蛮社"社群，可以让更多人买到家乡的味道。

Tips：优质产品展现方式

用户在社群中购买产品，最担心的就是质量问题，运营者可以使用下面几种方法，展示产品的优质。

品牌认证。对于品牌产品，用户通常都保持着比较高的信任度，对于产品的质量也比较放心。运营者若营销的是品牌产品，不妨将品牌认证证书和质量检测证书展示给用户看，以此获得用户的信任。

图片展示。将产品的生产过程以图片的形式展示在用户面前，是很多运营者常用的营销手段之一。运营者尽量选取一些能够证明产品优质，又能带给用户好印象的图片，获取用户的信任。

直播展示结果。亲眼所见的事物，更能获得用户的信任。比如，现在非常流行的"开蚌取珍珠"的直播，就是卖家开直播，向用户展示开蚌取珍珠的过程，而且每次都能取出成色不错的珍珠。用户看到后，就会相信他们只要购买河蚌，就能获得珍珠，于是纷纷下单。运营者若是方便开直播，就可以向用户展示结果来证明产品的优质，进而促使用户购买。

现身说法。在创作文章和视频时，经常会有运营者亲自试用产品，将试用结果展示在用户面前。这样的现身说法十分具有说服力，在运营者的解说和实际效果的相互衬托下，用户很容易产生消费冲动。

用户试用。运营者可以找一些拥有同样问题的用户对产品进行试用，用户在试用的过程中，会慢慢对产品产生信任。这也是很多运营者常用的手段之一，获取用户信任后，用户自然会下单。

4. 服务留存：精准服务带给用户好感

社群运营已经成为新的风口，竞争对手迅速激增，用户可选择的对象增加，变得越来越难"讨好"。因此，社群想要留住用户，必须提高服务质量。

¤ 解决问题 ¤

根据用户需求解决问题是提高社群服务质量的关键。例如"作文导师团"就是专门解决"小学生如何写作文"难题的社群。

阿牛是一位资深的语文特级老师，带领 200 多位语文老师创建了公众号——作文导师团。他们每天在公众号上分享作文写作技巧、小学生教育等内容，树立了良好的口碑，吸引了 10 万家长粉丝。

为了更好地指导小学生写作，阿牛还建立了 QQ 群，由老师定时上课、分享写作经验，吸引了 1000 人报名参加。同时，他们还提供亲子活动、主题亲子游等服务，进一步建立与用户的联系。

如果社群能够解决用户的问题，他们自然就会留在社群中。运营社群时，运营者先要分析用户的问题是什么，然后根据问题提供解决方案，并且进一步延伸服务，为用户提供更多的价值。

¤ 专业知识 ¤

提供专业的知识，开拓用户的眼界，可以获得用户的好感和信赖，让他们长久地留在社群中。例如，你运营了一个美妆社群，可以每天在社群中向用户科普各种化妆知识、解析化妆品成分等，让用户了解更多与化妆有关的知识。用户学有所得后，就会留在社群中。

知味葡萄酒杂志建立了自己的社群，为葡萄酒爱好者提供科普品酒知识、购买建议、品鉴体验和科普葡萄酒文化等服务，为社群吸引了50多万名粉丝。

在国内，人们越来越喜欢喝葡萄酒，但很多人对葡萄酒一知半解。知味葡萄酒建立社群后，没有一味地在社群中发广告，而是根据用户偏好和消费特征发送内容。

运营社群的过程中，知味葡萄酒通过数据采集功能，分析用户与知味的交互行为和内容偏好。然后，根据获取的信息对用户进行分类，发送他们感兴趣的内容，并通过话题将兴趣相同的用户组织到一起。

例如，一位用户多次阅读意大利葡萄酒文章和意大利葡萄酒品鉴会文章后，就会受到"知味意粉"小组的邀请。精准的分组，可以提高社群活跃度和社群留存率。

¤ 多元化 ¤

单一的社群服务是无法长久地留住用户的。用户的需求是不断变化的，运营者只有搭建多元化的社群服务体系，才能长久地留住用户。

例如，"左手+"社群，通过社群服务体系，不仅吸引了大量的用户，而且获得了非常不错的收入。"左手+"是一个摄影爱好者社群，能够为用户提供下面几项服务。

内容服务。"左手+"社群，为摄影爱好者提供一个交流平台，用户可以上传照片，与其他用户一起交流、分享和学习。

课程服务。"左手+"社群推出了一套收费的摄影课程，课程内容包含上课、交作业、讲师点评等内容，提高用户的摄影水平。

二手器材服务。在社群中，用户可以进行二手器材交易。"左手+"社群制定了一系列的交易规则，为用户提供了一个安全的交易环境。

活动服务。定期举办线上活动，调动用户的积极性。

多元化的社群服务体系，能够比较全面地满足用户需求。当用户遇到的所有问题都可以在你的社群中找到解决方法时，他们对社群的忠诚度就会越来越高。

Tips：不同用户群体的服务内容

运营者可以根据目标用户群体确定服务内容。通常情况下，社群的用户分为两种：粉丝和客户。

1. 向粉丝提供服务

粉丝慕名进入社群，是为了获得有价值的信息。常见的服务内容如下：

电商：好物推荐、优惠价格、免费试用等，让粉丝觉得物超所值。

课程：提供线上、线下课程，粉丝能够学习和成长。

内容：提供独家内容，解决粉丝问题。

人脉：帮助粉丝对接资源和线下活动，拓展他们的社交圈。

2. 向客户提供服务

当社群中的用户群体是客户时，运营者可以根据客户需求提供服务，常见的服务内容如下：

咨询：为客户提供线上、线下咨询服务，解答客户的各种疑问。

广告：通过社群，帮助客户宣传品牌、产品。

5. 参与感留存：让用户愿意留在社群

参与到社群中，并不是说用户每天定时在社群中冒个泡就可以了，而是深刻地参与到社群的各项活动中来。一个社群，若潜水用户的比例超过 50%，那社群的价值就会大大降低。社群成员有了参与感，才会参加互动，整个社群才能活起来。那么，怎样做才能提高群成员的参与感呢？

¤ 设计互动方式 ¤

有趣的互动方式可以提高用户的兴趣，让用户积极地融入社群中。运营社群时，我们可以设计一些有趣的互动方式，提高用户的参与感。

1. 活动打卡

活动打卡，是指用户参加活动后，通过签到、分享等操作，获取积分，积分可以兑换奖品或福利。

活动打卡有两种作用。一种是通过每日打卡，提高用户的自我管理能力。当用户完成任务和目标时，内心会产生成就感，从而提高他们对社群的黏性。另一种是通过积分激励用户分享，例如打卡签到分享到朋友圈后，群成员可以获得双倍积分，在双倍积分的激励下，群成员会更热衷于分享活动。

对于运营者而言，活动打卡更加方便管理群成员。通过打卡，运营者可以了解有哪些群成员参加了这次活动，有哪些群成员每天都参加活动，从而筛选出社群中最有价值的用户。

一个经典案例就是"BM社群运营官特训营"的打卡活动。在BM社群运营官特训营中，有一个积分榜，参加活动的用户每天完成任务打卡后，会获得积分。积分越高的用户，位置越靠前，被导师看到的机会越大。

2. 推送有趣话题

社群的本质是交流互动，在社群中发布有趣的话题，可以引起用户的兴趣，让他们积极参与到讨论中。选择话题时，运营者应尽量选择与社群领域相关的。除此之外，运营者还要制定发言规则，保证所有人都有发言的机会，增强整体用户的参与感。

3. 举行线下活动

除了线上聊天外，运营者还可以组织线下活动，例如茶话会、读书会、产品分享会等。群成员在线下真正见面后，彼此间的信任感会大大增强，从而提高群成员的参与感。

Tips："恶魔奶爸"的打卡活动设计

如何设计一个打卡社群呢？我们以恶魔奶爸的"100天看电影共学英语"打卡活动为例，讲解一下具体过程。

第一步：设计海报

"恶魔奶爸"通过公众号向用户发送了活动海报，用户只要识别二维码关注公众号，即可参加活动。

设计裂变海报时，运营者要直接点名用户身份，即"需要学习英语的人和想要学习英语的人"。然后，体现活动价值"100天学会英语"。同时，增加用户的焦虑感和产品受欢迎程度，促使用户参加课程。

活动海报上的二维码一定要清晰，这是引流的关键。若二维码不清晰或错误，用户无法识别，活动就会夭折在第一步。

第二步：引导参加课程

运营者需要设置群自动回复，自动回复新进群的用户，如图4-4所示，引导用户参加课程。

第三步：开启学习打卡

群成员领取课程卡后，就可以开启学习打卡之旅了。"恶魔奶爸"的英语学习打开是在小程序"计划控"上实行的，群成员只要连续打卡分享100天以上，就可以获得奖励：一本名为《把你的英语用起来》的书和加入正式的英语学习群的机会。

若是不使用小程序，运营

欢迎加入奶爸～

立即加入【100天看电影共学英语】，每天一节3分名英语电影，带你学会看电影学英语的技巧与方法！

点击蓝字，立即报名

点击蓝字，立即报名

点击蓝字，立即报名

碎片化时代，帮你最高效地学习英语的精华；100天，趣味式学习，唤醒你对学习英语的愿望。

图 4-4

者可以在社群中开启机器人回复。有群成员发送"打卡"二字，机器人就会自动回复群成员的打卡情况和积分。设置福利和奖品时，运营者一定要突显其诱人的特性，才能打动群成员。

¤ 降低参与门槛 ¤

为什么有些社群总是能保持高活跃度？原因就在于每个成员都能积极参与到社群中去。在参与的过程中，社群成员相互交流和思维碰撞，发生新的化学反应，不断产生新想法和新玩法。

有些社群成员参与度非常低，原因就在于活动门槛设置得过高。例如，在英语学习社群中，群主发起每日学英语打卡活动，要求群成员每天早上七点在社群中发一段英文语音。这个活动看似简单，但是七点正是很多人准备上班的时间，根本没有时间去读一段英文。这个条件在无形中提高了活动的门槛，降低了群成员参与活动的积极性。

在设计社群活动时，运营者要尽量降低门槛，让群内所有成员都有资格参与，才能发挥活动的真正作用。下面，我们来看下降低活动门槛的方法。

1. 选择容易做到的事 ....

运营者在设计活动门槛时，尽量选择容易做到的事情，并且符合用户的生活习惯。例如，活动门槛是晒午餐照片，用户只需要随手一拍，上传到社群中即可，非常简单。而且，现在很多人喜欢晒美食，用户乐于参与，不会轻易失去兴趣。

运营者也可以找到用户感兴趣的事情，如明星八卦、美食照片、生活趣事等。在规则内，让用户自由分享，他们才会积极参与到社群讨论中。

2. 选择合适的时间

不合适的活动时间，会提高活动的门槛。例如，活动时间是早上，用户忙着上班，根本没有时间参与活动。运营者可以选择午休、晚上下班后和周末等时间开始活动，用户有足够的空闲，才会参与社群活动。

▢ 设计互动形式 ▢

提高用户的参与感，运营者需要设计好社群互动形式。对于潜水用户，积极进行引导；对于表现突出的用户，及时给予表扬和鼓励，让其从参与者转变为组织者，自发带人组织活动，形成一个良性循环。常见的社群互动形式有下面几种：

1. 群表彰

当一个人对社群做出突出贡献时，运营者可以在社群中公开表扬。用户看到自己做的贡献被社群认可后，会产生一种成就感和荣誉感，从而更积极地参与到社群活动和社群建设中。这样对其他用户也会形成一种激励感，他们为了获得这种荣誉感，也会积极参与到社群中。

2. 群访谈

运营者可以定期对社群中一些小有成就的人进行访谈，挖掘他们背后的故事、成功经验等，写成文字分享到社群中。群访谈可以带给用户新奇的体验，对于被采访者、采访者和阅读者而言，都是一件非常有参与感的事情。

3. 群联欢

定期在社群中组织联欢会，如约定时间一起发表情包、唱歌、讲故事、发小视频和互黑等，不仅可以活跃社群气氛，还可以加深用户之间的联结，提高用户留存率。

运营者想要提高用户的参与感，还需要做好人员安排工作。例如，社群应该有专门的接待人员，当用户参与活动时，能够积极回应对方，让他意识到自己在社群中做的事情会有人看，说的话会有人听，对社群的参与感会更强。

6. 危机公关：如何化解社群内争执

在运营社群的过程中，随着社群人数的增加，群内争执不可避免。如何化解社群内的争执，运营者可以根据具体情况选择不同的解决方案，下面我们来具体看一下。

¤ 社群成员之间争执 ¤

每个人都有自己的想法，当社群成员的观点发生分歧且各执己见时，就容易发生争吵。在争执没有上升到人身攻击且没有造成恶劣影响的情况下，群主不需要太过认真，只要做好情绪疏导工作即可。

化解争执的最好方法就是转移话题，将群成员的注意力转移到别的地方。例如，当气氛变得紧张时，群主可以在群里发一个红包，或者给群成员发送福利。群主可以根据社群属性选择福利产品，如产品社群，可以发送爆款产品的优惠券链接；知识型社群，可以发送一节免费体验课；兴趣型社群，可以发送有趣的话题讨论……要注意的是，你发送的福利一定要具有吸引力，才能真正发挥转移注意力的作用。

若群成员的争执升级，上升到人身攻击，群主必须马上制止，并警告口出恶言之人。若对方依然不改，则踢出社群。运营者需要用行动明确告诉其他群成员，没有人可以挑战社群规则。

在处理社群成员之间的争执时，群主必须做到下面几点：

1. 当群成员发生争执时，群主反应要迅速，及时应对，避免争执进一步恶化。

2. 化解争执时，群主不要立即表态，指明谁是错误方，这样只会引起一方的不服，让关系更加恶化。

3. 处理争执时，群主不要偏袒某一方，要塑造社群的公平性。

4. 发生摩擦时，群主先转移话题。等到气氛平静下来后，群主可以先安抚弱势的一方，如先私聊安抚，再公开安慰；对于强势的一方，可以私下安抚，然后在社群中讲明争执带来的负面影响，请大家维护社群和平。

5. 群成员发生争执时，群主可以秉持"大事化小，小事化了"的原则，发一些有趣的表情包，冲淡负面情绪。

¤ 群主与社群成员争执 ¤

运营社群的过程中，运营者的某些行为可能会引起群成员的不满，进而出现有人在社群中与你理论的情况。

例如，运营者在社群中频繁推荐产品时，引起一些群成员的厌烦，然后被群成员在社群中公开指责。这时，运营者需要保持理智，始终记得自己身为群主的职责，不要与对方争吵，始终记得最重要的事情是维护社群和平。

当与群成员发生争执时，群主可以这样做：

1. 分析争执的原因，若是自己错误，便立即向群成员表示歉意，群主不可推卸责任。

2. 发生争执时，群主可以主动给对方找一个借口，给对方一个台阶下。

3. 群主要善于听取群成员反馈的意见，并及时改正，营造轻松和谐的社群氛围。

4. 若是产品质量问题，群主可以私聊群成员，为其退款，并赠送小礼品表示歉意。

5. 当与群成员发生争执时，群主要尽快大事化小，不要引导社群其他成员攻击对方。

6. 作为群主，即使争执，你也不可以在社群中诋毁对方。群主可以明确告诉对方，若是觉得不满意可退群。但是，若对方没有过错，群主不要随意将人踢出群，以免给其他群成员造成不好的印象。

7. 流失因素：用户退群的原因分析

群成员若是流动频繁，十分不利于社群的发展。运营者需要定期做好用户数据统计工作，观察群成员的流失情况，并调查分析用户退群原因。一般，用户退群的原因有下面几种。

¤ 产品缺陷 ¤

当用户在社群中购买的产品出现质量问题、有瑕疵、产品功能与描述不符时，他们就会产生失望之情，怀疑群主的信誉，进而退群。社群推荐的产品有缺陷，对于社群运营的打击是巨大的。解决方法如下：

运营者发现社群中有多个用户因为"产品缺陷"而退群时，可以先联系退出群的用户，询问不满意的地方，并办理退款和给予适当补偿，如赠送小礼品、优惠券等。然后，根据用户反馈的意见更换、修改或者优化产品。

另外，为了避免这种情况再次出现，运营者要重视选品工作。在选品时，多厂家对比质量、价格。确定产品后，运营者可以先体验一番，确定效果后再推荐给群成员。

¤ 成本昂贵 ¤

用户进群后，可能会因为产品的价格太高而直接退群。这时，运营者需要通过一些手段来转变用户的想法。下面，我们来具体看一下。

1. 肯定价值

用户若是认为产品价格太高，运营者不要马上降价，而是先让用户明白产品的价值。用户只有认可了产品的价值，才会愿意购买。因此，运营者推出产品后，应先和用户谈论价值，再谈论价格，避免陷入讨价还价的陷阱中。

2. 价格对比

当用户认为产品价格太高时，运营者可以将自身产品与价格更高的其他产品进行对比，着重突出产品质量的优质。相同质量的产品，用户自然会选择价格比较低的。运营者平时要多收集竞品的资料和价格，以便在需要时快速通过事实说服用户。

3. 物有所值

当用户认为产品价格太高时，运营者要做好引导工作，通过介绍产品的优势，如原材料、质量、功能、工艺、服务和信誉等，让用户正确看待产品的高价，觉得物超所值。当用户认为购买产品后获得的利益远大于购买产品支付的代价时，就不会再纠结于价格。

4. 产品示范

将优质产品与劣质产品放在一起，示范给用户看，着重突出自身产品的优点，从而打消用户对产品价格的疑虑。

¤ 缺少互动 ¤

群成员之间的互动越少，对社群的归属感和参与感越低，群成员的退群率就越高。解决方法如下：

当社群过于安静时，运营者要想办法提高社群活跃度。

发送有趣话题：在社群中不断抛出有趣话题，可以快速吸引群成员参与话题讨论。

输出有价值的信息：持续输出有价值的信息，让群成员获得利益，他们就会积极参与到社群活动中。

做好引导工作：在社群交流时，运营者要充当引导者，掌握社群的交流节奏，当群成员交流偏离方向时，应负责将话题引回正轨。

¤ 暴力发单 ¤

暴力发单，是指运营者建立社群后，马上进行用户引流。当社群人数达到一定数量后，立刻推荐产品。这种模式的优缺点比较明显，如图 4-5 所示。运营者暴力发单，很难与群成员之间建立牢不可破的信任关系。群成员一旦因为社群广告太多而产生厌烦时，就会主动退群。

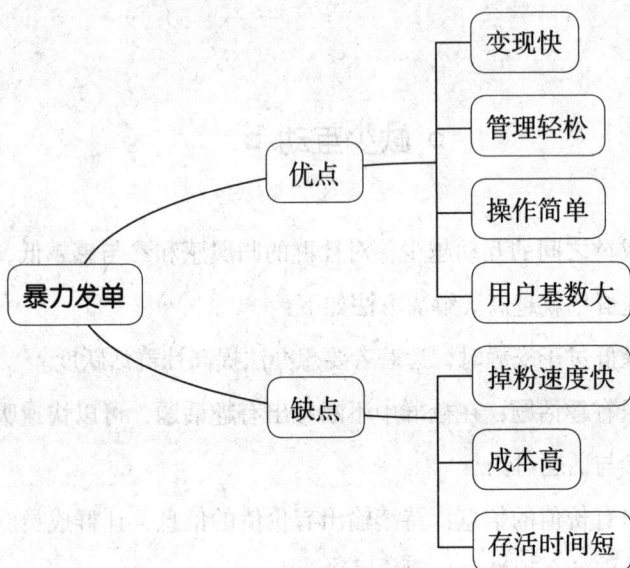

图 4-5

单纯的暴力发单模式，已经不适用当下的社群运营。但暴力发单的优势不可忽视，我们只要解决其缺点，依然可以帮助社群快速实现变现。那么，如何摒除暴力发单的缺点呢？不同的缺点，需要不同的解决办法，下面我们来看一下。

缺点一：掉粉速度快

1. 控制发单次数

运营者若是在社群中频繁发单，很容易给用户造成困扰；但是不发单，就难以获利。因此，你需要将发单次数控制在群成员可以接受的范围内，固定时间，形成规律。如，每日中午和晚上各拿出一个小时发单，这个时间是群成员最活跃的时间，成单率会更高。其余时间也不要开启互动禁言功能，鼓励群成员多互动。

2. 多互动，建立信任

运营者平日多与群成员交流互动，如询问群成员的需求，有目的性地寻找产品。将产品发送到群中后，直接@群成员，给予他们重视感。除此之外，运营者还要多关心群成员，在互动交流中，获取他们的信任。

3. 软推广

软推广，是指将广告进行包装，为其添加价值和营养，让其变得更容易被用户接受。最常见的软推广，就是穿插在电视剧的各种广告，如男女主用的手机、喝的饮料、穿的服装品牌等，非常自然，不会引起观众的反感。

运营者可以将产品与文章、小视频、热门话题巧妙地结合起来，增加产品的趣味性，提高群成员的接受度。

缺点二：成本高

社群搭建前期，运营者不要贸然全职去做，可以将其当作一个副业，尽可能地压缩成本。运营者可以先建立一个小规模的社群，用来练手。熟悉了社群运营工作并且积累了一定的人脉后，再扩大社群规模。

缺点三：**存活时间短**

社群在短时间内拥进大量用户和频繁发广告，可能会被封号。运营者可以通过精细运营来解决这个问题。实际上，运营者只要做好第一点，再控制进群人数，这个问题就可以迎刃而解。

¤ 其他因素 ¤

除了上述几个原因外，导致用户流失的原因还有下述几个：

1. 社群前景不佳

社群刚建立时，群成员一般比较活跃。但活跃期过后，社群就会转为沉寂。若运营者多方努力，依然没有效果，就会让群成员产生社群发展前景不佳的感觉，进而退群。

2. 社群竞争

建立社群的门槛比较低，因此社群的同质化比较严重。当用户有多个可能选择时，若你的社群福利、价值不够吸引人，用户就会退群，添加福利更好的社群。

3. 核心成员出走

核心成员出走，对社群的打击是巨大的，甚至会让社群无法正常运转，从而导致大量用户退群。核心成员出走的原因有两个：工作量大和回报少。

05

促活：

有趣有料的价值输出

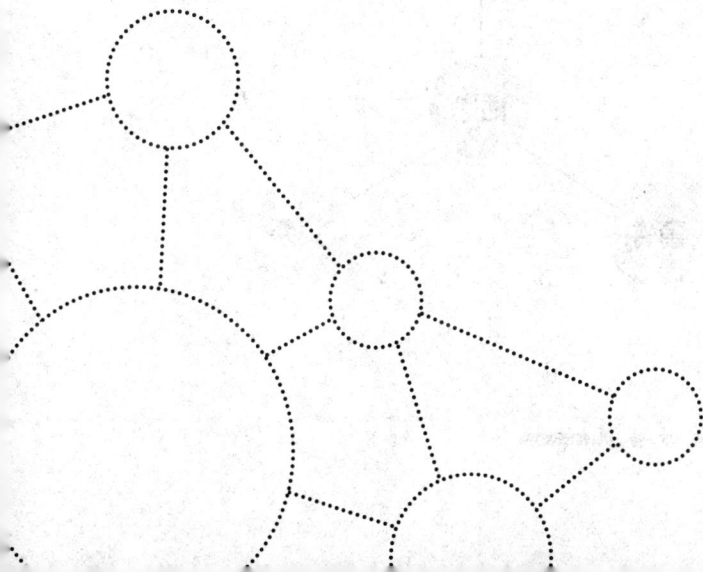

1. 话题促活：引导相互交流和探讨

优质的话题是吸引用户进群的核心。怎么才能创造出群成员感兴趣的话题呢？运营者首先要明确话题的创造步骤。

¤ 创造话题步骤 ¤

社群话题的关键因素有三个，如图 5-1 所示。运营者只要掌握住这三点，就能引导群成员参与到话题中。

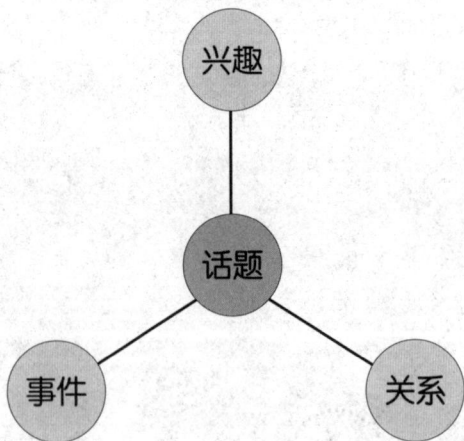

图 5-1

¤ 创造社群话题的步骤

第一步：进行话题分类

社群话题可以按照兴趣、事件、关系、地域、技能、价值等进行分类，运营者需要根据社群的类型进行划分。

比如，你运营的是一个社群训练营，就可以按照课程进行分类，如引流裂变、营销转化、朋友圈吸金等。

再比如，你运营的是一个宝宝早教社群，就可以按照技能、年龄进行分类，如3～4岁儿童适用课程、5～6岁儿童适用课程、儿童英语课、儿童舞蹈课、儿童智力开发课等。

第二步：深度挖掘话题

优质的话题并不是运营者凭空想象而来的，它需要你拥有良好的发现和挖掘能力。创造话题没有灵感时，你可以关注热门网站的热点话题，如微博热搜榜、百度热榜、头条热词、抖音热搜榜、快手热榜、微信指数等。只要是当下热门网站的热点事件，都可以成为运营者的话题灵感来源。

第三步：评估话题质量

运营者创造话题时，可以多选几个切入点，然后一次性多创造几个话题，让核心成员或者选取社群中的一小部分群成员进行评测，从中选取质量最优、群成员最愿意交流和讨论的话题，发送到社群中。

运营者熟练掌握这三个话题创造步骤后，就可以在社群中稳定输出群成员感兴趣的话题，增加群成员的互动频率，从而提高整个社群的活跃度。

¤ 热门话题分类 ¤

寻找社群互动性和讨论性最好的话题，有利于运营者更好地提高社群成员的积极性。社群热门话题分类，可以从人、事、物入手。

与"人"有关的常用话题，如表 5-1 所示。

表 5-1

话题类型	内容	案例
情感共鸣	情感类话题，能引发群成员的共鸣，迅速提升社群氛围，让社群成为群成员的情感宣泄口	2018 年，人人网被收购，有社群推出"人人网成为回忆，分享你和人人网的过去"的话题，引爆群成员的情绪，大家纷纷分享自己在人人网上的经历
成长经历	类似的成长经历，会让群成员联想到自己的生活和工作经历，从而产生归属感	"社群商学院"成立三周年时，在群内发送"运营社群，你遇到了坑"的话题，引起群成员的共鸣，大家积极发表自己的想法

与"事"有关的常用话题，如表 5-2 所示。

表 5-2

话题类型	内容	案例
热点事件	这类话题通常是社群成员最热衷、最愿意讨论的	2018 春节，"啥是佩奇"事件霸屏，有社群直接提出"新年你给爸妈准备了什么礼物？"的话题，引发了群成员的激烈讨论
明星八卦	这类话题很容易引起群成员的好奇心，从而积极参与到讨论中	"赵丽颖和冯绍峰"公布婚讯后，有社群推出"你喜欢的爱豆结婚了吗？"的话题，引起群成员的兴趣，从而积极参与到八卦讨论中
行业揭秘	这类话题一般围绕群成员最关心的内容展开，能够快速吸引群成员的注意力	"微信引流的 8 大秘籍""10 个用户 8 个购买的秘诀"
社会民生	这类话题通常是大众关心的社会类话题，与他们的生活息息相关	火车票的站票与坐票的价格相同，有社群借势推出"无座火车票半价，你赞成吗？"的话题

与"物"有关的常用话题，如表 5-3 所示。

表 5-3

话题类型	内容	案例
热门企业	与热门企业有关的话题，很多人愿意发表一些看法，如支付宝、快手、星巴克、腾讯等	"你喜欢用微信支付还是支付宝支付？" "你喜欢喝星巴克，还是瑞幸？"
社群自带话题	每个社群都会有自己的主题，群成员的事迹、群活动等，都可以成为话题素材	读书交流会社群中某一成员出了一本关于社群运营的书，在群中推出"付邮免费领书"的活动。这个活动，引发了好几天的群内讨论

　　了解了社群常见的话题类型有哪些后，运营者就可以根据自己的需求，制造群成员喜欢和感兴趣的话题，从而让社群始终保持活跃。

　　Tips：制造话题注意事项

　　制造话题时，运营者遵守"三禁忌三注意"原则，具体内容如下。

¤ "三禁忌"原则

1. 忌话题照搬

　　社群搭建初期，很多新手运营者由于没有经验，会直接照搬一些比较成功的社群的话题。但这些话题，可能并不适合你的社群，而且熟悉的套路，难以给群成员带来新鲜感。运营者不需要照搬，但可以收集其他社群的常用话题类型，学习他们的引导模式，借鉴其优点，融入自己的社群中。同时，不断推出新鲜话题，提高群成员的黏性。

2. 忌价值缺乏

群成员参与话题讨论，除了打发时间，更多是为了在讨论中开阔眼界、增长见识。没有价值的话题，可能会在短时间内吸引群成员的注意力。但他们认为自己无法获得利益时，就会失去热情，从中抽离，使社群重新归于沉寂。运营者只有持续输出有价值的话题，满足群成员需求，才能让他们长久地参与其中。

3. 忌话题无趣

话题的内容无趣，很难引起群成员的兴趣和注意。若社群长时间无法给群成员带来乐趣，他们就可能退群。因此，运营者需要输出有趣的话题，持续吸引群成员参与。有趣的话题，可以与群成员的兴趣爱好、热门事件、社群活动、行业领域等相关。

¤ "三注意"原则

1. 与主题相符

发布的话题，一定要与社群的主题相关。例如，你运营的是母婴社群，话题就要与宝宝、宝妈相关，如"孕期你喜欢吃什么食物""宝宝刚出生时很喜欢笑，你的宝宝刚出生时是什么样的""怀孕的时候，宝宝会和你互动吗"……

社群用户更喜欢参与精准话题，若你总是发布一些不着边际的话题，只会让他们失去兴趣，让社群变成毫无价值的"死群"。

2. 把控发布节奏

发送话题是为了提高社群的活跃度。但话题太频繁，就会产生过多的无效信息，给一部分群成员造成困扰。而且，频繁发言还会让群成员觉得疲累。

运营者察觉到社群气氛沉寂时，可以发送新的话题，吸引群成员参与，炒热气氛。每日发送的话题，不能超过1个。若群成员还在讨论之前的话题，就不需要发布新话题了，要给群成员留下足够的互动时间和空间。

3. 降低话题门槛

运营者发送话题的目的，是引导群成员互动。因此，话题的内容要通俗易懂，不要涉及太多专业性的内容，让群成员一看就明白，并且可以发表自己的见解。

2. 红包促活：怎么发效果才好

当社群沉寂时，很多运营者喜欢用发红包的方式来炒热气氛。看到红包，很多潜水的群成员会出来抢。但是，怎样做才能将红包的效果发挥到最大呢？

¤ 发红包的理由 ¤

很多运营者喜欢在早上发红包，以期用红包调动群成员的热情，但并没有取得很好的效果。这是因为运营者没有给群成员一个获得红包的理由，所以无法引起他们的重视。常见的发红包理由，如表 5-4 所示。

表 5-4

理由	内容	案例
暖场	发布活动、话题时，可以发一个红包来暖场，起到快速吸引群成员的作用	"健身交流群"推出了"和达人一起练肌"活动。教练进群后，群主发红包，炒热气氛，让群成员表示欢迎

理由	内容	案例
庆祝	活动举办成功或群内某人获得成就后，群主发一个红包以庆祝，既表达喜悦，又表示对对方的重视	"文案创作群"中，一位"大咖"成功出版了一本有关文案的书，群主发红包表示庆贺，群成员紧接着也表示祝贺
感谢	群主定期在群内发一个红包，感谢群成员对社群的维护和支持。这样做可以获得群成员的好感，提高他们对社群的黏性	每到周日，"美食分享群"的群主都会在社群中发红包，并与群成员进行交流
发广告	当群主想要发送广告时，可以先发一个红包表示歉意，让群成员不介意广告	"PS交流学习社群"中，群主在向群成员推送课程前，先发了一个红包表示歉意，表明有需要的群成员可以购买
特殊节日	在春节、中秋、国庆、端午、情人节等比较有特殊意义的节日发红包，与群成员一同庆祝，既可以活跃社群气氛，又可以增加互动，获得群成员信任	过年时，"A&S用户交流群"的群主发了一个红包，与群成员共同庆祝，感谢大家一年来的支持

运营者在社群中发送红包时，要注意下面两点：

1. 搭配文案

"红包 + 文案"的形式，更加直接，微信、QQ 的红包都有此功能。在发送红包时，运营者可以根据目的搭配不同的文案，如"抱歉，发个小广告""欢迎老师进群""上课了，大家要做好笔记哦"……

2. 控制次数

发红包的次数并不是越多越好，频繁地发红包，会让群成员觉得理所当然，降低红包促活效果。例如，社群举行活动时，运营者在活动前和活动后发一个红包即可，活动期间不需要发红包，以免打乱活动节奏。

✿ 发红包的大小 ✿

社群红包的运营规则，就在于一个"抢"字，抢到红包的人高兴，抢不到红包的人失望。运营者发红包的目的是激活社群气氛，因此，要设置尽可能多的红包。

例如，社群有 100 个群成员，运营者在设置红包个数时，直接设置为 100，保证人人有份。

注意，群成员抢红包是需要付出时间和流量成本的。若群成员抢到的红包过小，如 1 分钱，他们难免会失望，并对运营者产生不满。所以，运营者要避免红包过小，金额可以设置为 50 元、100 元，不需要太大，采取多人平均分配规则即可。

当社群人数达到了 500 人，平均分配规则会增加运营者的负担。这时，运营者无法采用平均分配规则，便可以发"拼手气"红包，固定红包数量，随机分配金额，保证有群成员可以抢到金额够大的红包。

例如，社群有 500 个群成员，运营者发一个金额为 100 元的红包，数量设置为 20 个，抢到红包的群成员金额可能为 32.5 元，也可能为 0.5 元。抢到红包金额比较大的群成员，会更加拥护运营者的决定，积极参与到社群活动中。

没有抢到红包的群成员，失望的同时，也会鼓励自己下次抢红包时手速一定要快，并期待着下一个红包的到来。整个社群的气氛，就可以轻易调动起来。

¤ 发红包的时间 ¤

很多运营者看到社群不活跃后，就马上发一个红包。但是，很多用户抢完红包后，就不再说话，根本没有发挥红包提高活跃度的作用。因此，运营者要掌握正确的发红包时间，避开错误的时间，才能最大限度地发挥红包的效果。

1. 错误的发红包时间

早上。工作日的早上，用户都忙着工作，没有时间去互动。休息日的早上，用户都忙着睡懒觉，没心情去互动。

临睡前。若是在用户临睡前发红包，用户抢完红包后，会持续兴奋，失去睡意，影响用户的正常作息和第二天的工作。

2. 正确的发红包时间 ···

午休。很多用户上班劳累了一上午，喜欢在午休时间玩手机，来放松一下自己。这个时间段发红包，用户有足够的时间去抢并且去互动。注意，十二点半以后，运营者尽量不要发红包。这个时间，很多用户需要午休。

下班后。下班之后，用户劳累了一天，会玩手机来放松自己。在这个时间段发红包，可以给予用户惊喜，刺激他们参与互动。19点以后，是人们做晚饭和家人共用晚餐、交流的时间，玩手机的人很少，运营者要避开这个时间。

21点后。这个时间，很多人都洗漱结束，上床准备休息了。但是，还不到睡觉时间，用户便会去社群中聊聊天。这时候发红包，能够快速调动用户的积极性，让社群活跃起来。注意，23点后就不要发红包了，以免扰乱用户的正常作息。

周末、节假日。在周末、节假日，用户空闲时间比较多，运营者可以在社群中发一个红包，调动用户的积极性。

注意，运营者发的若是通知红包，那就先发通知信息再发红包，并且隔一段时间补一次通知，确保通知不会被红包信息刷掉，能够让用户看到。

¤ 发红包的方式 ¤

发红包的方式如果不恰当，比如在群里给某个成员发了一个大红包，结果被别人抢了，想让对方归还时，对方直接退群了。

为了避免这种事情发生，运营者可以在社群中发定向红包。定向红包，就是指红包专属于某个人，其他人不可以领取。

当遇到下面三种情况时，运营者可以发定向红包。

1. 感谢他人工作

社群运营工作时需要多人一起完成，这些人平时默默工作，到了节日或某个特殊的时间点，运营者就可以发定向红包感谢他们的付出，肯定他们的工作价值。

某次活动结束后，群主在群内说道："大家安静一下，现在我要发 5 个 88 元的定向红包，感谢他们对本群的付出，不断实现本群的价值。"

@敏敏：每天用心整理群内分享的知识、素材和资料，方便大家阅读，非常感谢！

@三月：群内每次举办活动时，三月都做了很多幕后工作，让每次活动都完美落幕，非常感谢！

@陈卓：经常在社群中分享干货，让大家学到了好多，非常感谢！

@颜青：每次讨论都能发表犀利的观点，不断启发大家不同的思考，让我们的群变得更有深度，非常感谢！

@番茄：经常总结群内发言，并分享到朋友圈，为我们群带来了很多新朋友，非常感谢！

在社群中公开表扬他人的工作，并给他们发红包，既肯定了对方的价值，又能增强对方的荣誉感。

2. 成员有突出贡献

社群中的某个人或某几个人做了贡献，群主需要立马发红包奖励。在红包的激励下，社群成员会更加积极地为社群做贡献。

这种奖励一定要迅速快捷，挑起群成员的兴奋情绪。若群主行动慢了，即使后面再发红包，激励作用也会减弱很多。

3. 成员遇到喜事

当群成员遇到了喜事时，群主可以立马发送红包，恭喜对方。例如，某个群成员考上了理想的大学，你就可以给对方发一个大红包。

¤ 发红包的创意玩法

单一地发红包，无法持久地吸引群成员的注意力。运营者需要多发明几种有趣的红包玩法，持续吸引群成员参与其中，如表5-5所示。

表 5-5

名称	玩法	适用社群
接龙红包	抢到红包后，金额最大的接着发红包，金额不限制	所有社群
打赏红包	有"大咖"或群成员分享经验、干货，其他群成员发红包，表示感谢	知识型社群 产品型社群
任务红包	每日打卡，没有完成任务的人给群主发小额红包。任务结束后，完成任务的人平分红包	学习型社群 兴趣型社群
禁言红包	群成员违反规则被禁言后，可以私聊群主或管理员发红包，要求解禁	QQ 社群
口令红包	发一个口令红包，群成员发送口令后，才能领取红包	所有社群
密令红包	文章、视频、PDF 等资料需要付费查看，群主在社群中上传文件后，设置密令，群成员可以发红包获取密令	培训型社群 学习型社群

Tips：红包促活注意事项

1. 玩法创新

红包的玩法有很多，除了上述列举的玩法外，运营者还需要多收集其他社群的红包玩法，如限时红包、人气红包、身份红包、集字红包等，从中选取最适合社群并且被群成员喜欢的玩法。

2. 控制成本

在社群中发红包时，运营者需要考虑投入成本和实际产出。若是实际产出一直小于投入成本，运营者处于赔本状态，需要立即调整运营策略，通过其他方法引导群成员购买产品，减少损失。

3. 合理运用工具

在社群中发红包时，运营者可以合理地运用工具。如微信上就有专门的红包小程序，可以提供多种不同的玩法。注意，使用红包小程序时，有一些需要支付服务费。

4. 遵纪守法

设计红包玩法时，运营者遵守社群规则，拒绝赌博、色情内容，不触碰底线，否则一定会被封号。

3. 激励促活：最有效的三种激励措施

运营者给予群成员一定的奖励，可有效地促活社群，这种促活方式称为激励促活。常见的激励促活方式包括三种：社交奖赏、猎物奖赏和自我奖赏。

¤ 社交奖赏 ¤

社交奖赏，是指人们在与他人交往互动的过程中获得的人际奖励，流程如图 5-2 所示。

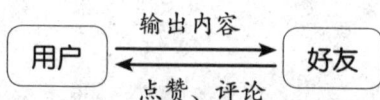

图 5-2

社交奖赏的本质，是来自他人的肯定。例如，用户朋友圈分享了一个很有趣的观点，微信好友纷纷点赞、评论。用户获得了肯定后，会更热衷于分享观点。

运营社群时，社交奖赏可以有效地保持社群的活跃度。例如，在文案创作群中，你分享一篇名为《热门文案的常用套路》的文章。其他群成员纷纷在社群发言，"感谢分享""终于等到更新了""点赞，又一篇值得收藏的好文章""发个红包，感谢一下"……为了获得更多的夸赞和认同，你会持续分享有价值的内容。

心理学家艾伯特·班杜拉曾说过："人类具有向其他人学习的能力，当他们看到某个人因为某种行为获得奖赏时，就可能会跟风。"在社群中，当其中一个人获得了赞扬，其他成员也想要获得这种荣誉感时，他们就会去分享有价值的内容，从而提高整个社群的价值。

在通过社交奖赏促活社群时，运营者要注意两点：

1. 及时给予反馈

群成员分享有价值的信息时，运营者要及时给予反馈，如"这篇文章写得非常好""这个视频很有创意"……给予对方肯定。其他成员看到群主的反应后，也会跟风夸赞，给群成员一个继续分享的理由。

2. 适当给予奖励

当某一成员持续在社群中分享有价值的内容时，运营者可以定期给予奖励，如在社群中发一个定向红包或公开感谢，这样既可以激励对方，又可以在社群中树立一个榜样。

¤ 猎物奖赏 ¤

猎物奖赏，是指人们做了某件事情后，可以获得一定的奖励。例如，很多人喜欢刷微博，时不时地会遇到一条感兴趣的信息。当没有看到感兴趣的内容时，他们就会不停地滑动手指。这时，有趣的信息就是一种诱人的猎物奖赏。

猎物奖赏的本质是资源、信息和金钱，即用户可以从社群中获得的利益。例如，运营者在社群中分享一篇文章，文章的内容恰好可以解决群成员的问题。为了获得更多的信息，他们就会留在社群中，并且积极与运营者进行互动。

运营者想要利用"猎物奖赏"促活社群，需要注意下面两点：

1. 设置诱饵

"猎物奖赏"模式能够顺利促活社群的关键，在于诱饵。诱饵对群成员有足够的吸引力，他们才会乐意参与到社群中。运营者在设置诱饵时，需要将社群类型和群成员需求结合起来，确保诱饵可以发挥应有的作用。

2. 设计模式

确定诱饵后，运营者需要设计实行方式，使其更好地触达用户。我们以产品型社群为例，诱饵为产品，可实行的模式有下面四种，如表 5-6 所示。

表 5-6

模式	内容	诱饵
双赢奖励	群成员邀请好友成功后，双方均可获得奖品	免费奖品

模式	内容	诱饵
阶梯奖	群成员每买一次奖品，可获得产品积分，积分可兑换奖品。产品积分越高，最后获得的奖励越丰厚	产品积分
拼团	群成员发起拼团并邀请好友参加，成功后，双方均可以低于原价的价格购买产品	低于原价
砍价	为了获得奖品，群成员邀请好友砍价	免费奖品

设计"拼团"模式和"砍价"模式时，运营者可以直接将折扣价格与原价并行展示给用户看，给予直接刺激。

当群成员触发了行为后，运营者需要立即展示对应的奖励，比如展示砍价进度、拼团成功人数等，激励用户持续邀请好友。

¤ 自我奖赏 ¤

自我奖赏，是指人们在做某件事情的过程中所获得的操控感、成就感和满足感。即使做事情的过程中遇到了很多困难和障碍，这种奖励机制依然会促使人们继续某种行为。

比如说，在玩王者荣耀时，努力提高操作技巧并赢得胜利的过程，就是对自我的一种奖赏。即使对方很厉害，但是想要赢得胜利的心情，会不断激励你继续玩下去。

自我奖赏的本质就是自我满足，若将这种模式应用到社群运营中，会不断激励群成员完成社群任务和参与社群活动。下面，我们来看一下具体实现过程，如图 5-3 所示。

图 5-3

运用"自我奖赏"模式时，运营者需要注意下面几点：

1. 设计奖品

实现自我奖赏模式的关键，在于奖品的设计。奖品有多种表现形式，如实物奖品、积分、排名、奖章、影响力等。在设计奖品时，运营者应尽量保持其多变性，这样才能持续引起群成员的兴趣。同时，还要保证奖品可以满足群成员的使用需求。这样，即使奖品因为时间的推移失去了神秘感，因为需求，群成员依然会留在社群中。

2. 培养用户习惯

设计奖品时，运营者要注意群成员习惯的培养。例如，每天上课打卡可以获得积分，积分可以换取奖品。为了获得积分，群成员会每天参与打卡活动，进而发展成为习惯。运营者设计的触发行为，一定要是持续行为，而且要保障群成员的自主权。

3. 设置门槛

当人们战胜某个困难时，内心会产生成就感和愉悦感。在策划社群活动时，可以在活动中期适当增加难度，激励群成员的参与热情。注意，增加的活动难度，可以通过社群学到的知识解决。

4. 提示进度

运营者设计社群活动时，可以设置一个提示功能，如"群成员再邀请 3 人可兑换奖品"，让群成员明白，自己还需要做多少事情才能获得奖品，提高他们的参与热情。

5. 激励分享

当群成员分享社群活动时，运营者要及时给予奖励，如公开表扬、积分、学习资料等，提高社群的传播率。

4. 福利促活：让用户得到真实惠

没有福利的社群，是无法吸引用户参与的。运营者可以在社群中发放福利，让用户得到真正的实惠，达到促活社群的目的。发放福利时，运营者需要注意下面两点。

¤ 福利频率 ¤

福利频率，是指社群发放福利的次数。运营者在发放福利前，要提前规划好。因为没有章法地发放福利，无法获得最好的促活效果。

发放福利的频率，与社群属性相关。

若你运营的是产品型社群，可以每天发放 1 ~ 2 个小福利活动，如限量秒杀、领取优惠券等。活动时间，可以为中午或晚上，尽量选择用户休闲时间。

除了小福利活动，你还可以每个月做一场大的福利活动，如产品低价促销、抽取幸运用户免单、发放无门槛优惠券等。用户获得的福利越大，对社群的黏性越高。

若你运营的是知识型社群，福利频率可固定在每周一次，如每周三资料发放、每周六免费福利课等。

无论是每日发放福利，还是每周发放福利，运营者要注意福利活动时间一定要固定，让群成员养成习惯，并对社群产生期待。

¤ 福利内容 ¤

福利的具体内容是吸引用户的关键。下面，我们来看一下常见的几种福利内容。

1. 物质福利

给群成员发放具体实物福利，可以为群成员带来惊喜，如群内大 V 出版的书、精致小礼品、特殊定制礼物等。宜选择在特殊节日，为群成员发放福利。普通群成员发放普通福利即可，社群元老和管理人员则赠送一些定制礼物，让对方感受到重视，对社群更加忠诚。

2. 积分福利

在知识型社群中，经常会奖励群成员积分，如某个社群推出了 10 天学习计划，群成员每天打卡可以获得积分，根据积分的多少获得不同的奖励。

3. 知识福利

随着生活节奏的加快，人们越来越渴望获取知识，很多人会加入知识型社群提高自己的能力。运营者可以将一些需要订阅付费的知识产品，当作福利免费赠送给群成员。这样既可以让群成员获得福利，又可以让他们免费体验课程、明确产品价值，进而购买付费精品课程。

4. 荣誉福利

运营者可以在社群中设立一些特别的头衔，如管理员、班主任、内容官、老师、班长、小组长等。然后，将这些头衔当作福利奖励给群成员，增加他们的荣誉感。当然，这种荣誉福利并不是没有限制的，只有对社群有贡献的人，才能获得这种福利。

5. 价格福利

人们在购物时，更喜欢购买物美价廉的商品。运营者可以降低商品的价格，当作福利送给用户。用户在社群中低价购买到需求产品后，对社群的忠诚度和黏性就会提高。

Tips：常见的福利模式

在社群中，福利通常是以其他形式表现出来的，常见的福利模式有下面几种：

红包。定期给用户发红包，通过抢红包的方式留住用户。

无门槛优惠券。不限制用户购买金额，用户为了不浪费优惠券，就会下单。

返现金。用户购买产品后，可返现一定金额。在现金福利的刺激下，用户的忠诚度会越来越高。

低价秒杀。定期推出秒杀活动，限量产品低价秒杀。

买赠服务。用户购买正品，可以获得赠品，带给用户超值的购物体验。

免费试用。定期赠送用户产品小样，提高用户对产品的黏性。

赠送礼品。在特殊节日赠送用户小礼品，如用户生日、教师节、儿童节等，让用户感受到重视。

5. 活动促活：重在趣味性

一个有趣的活动，可以快速吸引用户的注意力。用户积极参与活动，就可以提升社群的活跃度。如何利用活动促活社群？运营者可以同时策划线上活动和线下活动。

¤ 线上活动方案 ¤

有趣的活动才能引起用户的兴趣。运营者想要策划一个能够吸引用户的活动，需要提高活动趣味性和游戏感，让用户沉浸其中，增加活动的促活效果。怎样才能增加活动的趣味性？运营者可以设计几种有趣的玩法。下面，我们来具体看一下。

1. 任务积分

运营者按照由易到难的标准设置任务，用户完成一个任务后，可以获得奖励积分。用户通关一个任务后，可以继续完成下个任务，直到失败或全部完成。获得的积分，可以累积到用户个人账户，用以兑换奖品。

2. 转盘抽奖

在活动期间，用户只要完成任务，就可以参加抽奖。运营者可以将抽奖形式设置为转盘、九宫格、刮刮乐等，奖品一定要丰富。用户花费很小的成本，却获得了很高的收益后，就会乐此不疲地参与社群活动。

3. 小游戏

有趣的小游戏可以快速吸引用户的注意力。运营者可以设置一个有趣的小游戏，群发到社群中，吸引用户参加，提高社群活跃度。常见的社群小游戏有手气王、猜价格、成语接龙等。

运营者在发送小游戏之前，可以提前在社群中预热，告诉用户活动开始的时间、内容和奖励等内容。

Tips：常见社群小游戏

趣味猜谜。猜谜活动可以很好地引起用户的好奇心。运营者可以在社群中发起猜谜活动，如成语猜谜、故事猜谜等。回答最快的人，可以获得奖励。注意，谜语不能太难，若是所有人都猜不出来，活动就失去了意义。

答题竞赛。运营者收集一些有趣题目，做成小程序，吸引用户参与答题，全部通关的用户可以获得小礼品。运营者设置题目时，尽量选择生活中常见并且与社群有关的问题。若是没有头绪，运营者可以直接在网上搜索答题竞赛题目，从中选择合适的。

成语接龙。成语接龙不仅可以活跃社群气氛，还可以促进社群文化的凝聚。运营者可以在社群中发送一个成语，其他用户去接，答得最多的用户获胜，可以获得奖品，

掷骰子。掷骰子小游戏有很好的活跃效果。在微信表情中有一个骰子的图标，运营者可以指定点数，用户分别发表情包，最

先抛出点数的人获胜。

4. 投票评比

在投票活动中，群成员可以将自己的票数投给喜欢的人或物，获胜的一方将获得奖励。运营者设计投票活动时，要尽量简化过程，让用户一进入页面就可以参与活动，避免复杂的过程让用户失去耐心。

5. 评论有礼

运营者在社群中发起一个话题后，可以鼓励群成员回复留言。然后根据发言时间和点赞数量来选取中奖用户，并且在社群中及时公布。

Tips：活动设计原则

在设计线上活动时，运营者需要秉持三个原则：实用、易操作和体验流畅。

实用：用户参与活动后，能够有所收获，如有价值的信息、知识、奖品、福利等。只有这样，他们才会持续参与活动。

易操作：活动玩法要简单，不要有复杂的操作流程和说明，要让用户一眼就能看明白。玩法太复杂，会让用户觉得麻烦，进而退出活动。设计活动玩法时，运营者还要考虑活动的实现场景，让整个过程变得更加流畅。

体验流畅：根据漏斗原则，我们可以发现，在用户参与活动的过程中，从进入活动页面到活动参与完成，每一步都会产生约50%的用户流失。因此，活动的操作步骤，应该尽可能地简化，最好不要让用户去选择到哪个页面，而是直接引导用户持续参与；另外，整体的流程设计，也要尽可能地流畅，减少用户在每个环节的流失。

¤ 线下活动方案 ¤

线下活动可以让运营者与群成员、群成员与群成员之间直接交流互动，加深彼此的信任，建立情感关系。在情感关系的基础上，群成员会更加活跃，社群的发展也会更好。

有一位餐馆老板，建立了一个社群，只要来餐馆吃饭的客户都可以进入社群。餐馆老板不仅会在社群中与客户聊天，评论菜品，还会约着一起夜跑。一起跑步的次数多了，餐馆老板逐渐和群里的成员成为朋友。每次餐馆推出了新菜色，老板都会邀请群成员品尝。群成员也喜欢带朋友来吃饭，支持老板。

线下活动的表现方式有很多，运营者可以根据自己的社群属性和群成员喜好来决定活动方式。常见的活动方式有下面几种：

1. 聚餐

聚餐活动适用于小型社群，通过餐桌文化，加深彼此间的交流。在聚餐活动中，运营者要做好引导话题、活跃气氛的工作，避免冷场。

2. 采访

对群内"大咖"进行采访，满足群成员的好奇心。运营者可以直播访谈过程或整理采访内容发送到社群。在采访前，运营者可以整理群成员感兴趣的问题，作为此次访谈的主要内容。

3. 交流会

运营者举办线下交流会，让群成员参加。在交流会上，群成员可以围绕某一主题，发表各自的意见，在交流中加深了解和建立情感关系。

4. 线下娱乐

运营者可以根据群成员的兴趣爱好，组建见面会，如爬山、夜跑、唱歌、健身等，一边娱乐，一边交流。越是志同道合的人，越容易找到共同话题，成为朋友。

5. 线下培训

运营者在线上获取群成员信任后，就可以引导群成员参加线下课程。线下课程一定要能为群成员提供价值，才能让他们长期参加。

策划线下活动时，运营者需要根据活动形式选择场地，注意私密性，避免外界的打扰。线下活动更适合同城社群，群成员不会因为距离太远而退出活动。

06

变现：
让你玩"赚"社群

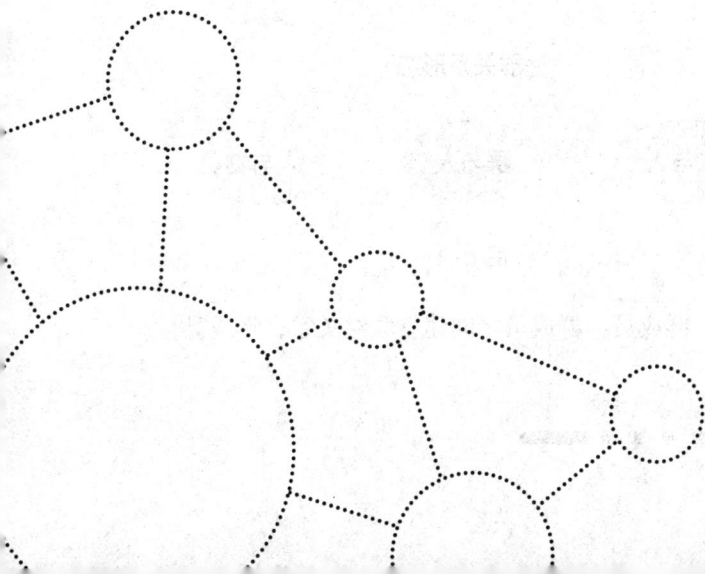

1. 变现指标：你的社群能变现吗

变现是社群运营的最终目的。越来越多的企业、商家纷纷建立社群，希望获得更多变现渠道，提高变现率。具有变现能力的社群通常含有四个指标，我们来具体看一下。

¤ 群黏性 ¤

群黏性是指群成员对社群的忠诚度和依赖程度。当群成员舍不得离开社群时，群黏性就会大大提高，社群的变现能力也会变得更强。

群黏性具体体现在社群关系上，一般具有三种形态，如图6-1所示。

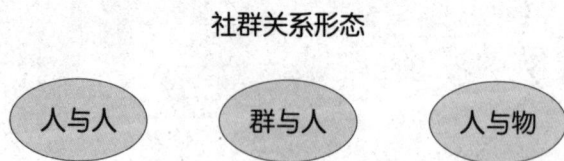

社群关系形态

人与人　　　群与人　　　人与物

图 6-1

人与人：群成员与群成员之间建立联结关系，形成黏性。

群与群：在社群中，群成员会因为各自的喜好形成小群体，小群体与小群体之间可以形成黏性，塑造良好的社群氛围。

人与物：群成员喜欢或需要社群产品时，就会对社群产生黏性。

清楚社群的关系形态还不够，运营者还需要找到产生社群黏性的关键要素：利益、情感和荣誉。

利益：社群能够为群成员带来利益，就能获得他们的信任，并让他们长期留在社群中。

情感：围绕某种情感建立社群，可以让群成员之间的关系更加坚固，如老乡群、同学群等。

荣誉：群成员可以在社群中获得尊重、荣誉、权利等，就会更加忠诚。

运营社群时，群成员的黏性越高越好。那么，怎样才能提高群成员的黏性呢？

1. 构建活动体系

在上一章中，我们讲解过社群活动的促活作用。除了促活，社群活动还可以增加群黏性。运营社群时，运营者可以构建自己的活动体系：线上微活动为辅，大活动为主，注重线上宣传；线下微活动为主，大活动为辅，注重品牌宣传。一般情况下，大活动占比为5%，辅助微活动占比为10%，主要微活动占比为85%。高频的微活动，可以加深群成员间的了解，从相识到相知再到认可，进而建立牢不可破的关系，成为社群的忠实成员。

2. 成员匹配

很多网络游戏中都有拜师、结拜功能，这种功能可以加深玩家之间的联系，提高对游戏的黏性。社群同样可以借鉴这种模式，对社群成员进行匹配，如老师和学生、姐姐和妹妹、班长和成员等。在匹配的过程中，运营者要发挥引导作用，让群成员之间自动形成联系。在成员之间交叉联系，形成一张越来越密的关系网后，群成员自然就不会想要离开社群。

3. 建立奖励制度

每个人加入社群的目的不一样，运营者想要满足所有人的需求，就需要建立合理的奖励制度。例如，在动漫分享群中，有的用户进群是为了获得资源，有的用户进群是为了交流观后感，有的用户进群是为了分享喜欢的动漫……运营者可以根据用户需求建立奖励制度，为群成员制造福利。

¤ 内容力 ¤

内容力，就是运营者在生产、传输和需求内容的过程中，形成了一个内容矩阵。在社群中，群成员发送的各类消息，组成了整个社群的内容。

社群的内容力越强，对用户的吸引力越大。判断社群内容力，可以从不同内容的占比来看。运营者可以选定一个周期，分析周期内社群各类内容的占比。

1. 专业内容占比

专业内容是由运营者提供的某一领域的专业知识，它能够为群成员带来价值。这类内容占比约为 20%。在社群中，专业内容占比越高，社群内容力越高。

2. 合作内容占比

合作内容是由其他成员分享的知识、经验。这类内容占比约为 15%。

3. 主线内容占比

主线内容是指社群成员一起产出的内容，如每日任务、聊天内容等。这类内容占比约为 50%。

4. 活动内容占比

活动内容是指社群中发起的活动。这类内容占比约为 10%。

5. 反馈内容占比

反馈内容由群内用户聊天时产生，如"咱们社群真的太好了，我学到了很多知识，为群主打 call"。这类内容占比约为 10%。

运营者可以根据内容力指数来调整社群的内容占比，避免闲聊内容成为社群主要内容，降低社群价值。

¤ 裂变力 ¤

社群裂变力，是判断社群是否有发展潜力的重要标准。社群不断有新用户加入，并购买产品，才能持续发展。基于社交关系的社群裂变，更趋向于一对多的病毒式裂变，如图 6-2 所示。

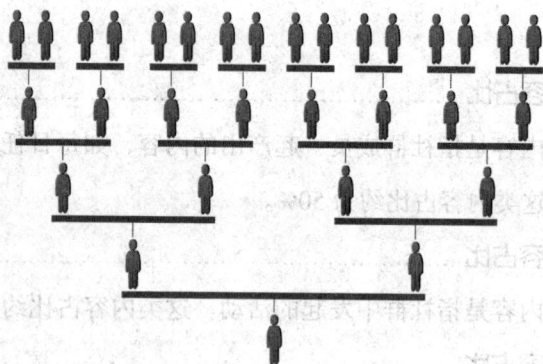

图 6-2

社群的裂变力越强，变现率越高。判断社群裂变力，我们需要引入两个关键指标，衡量整个社群的裂变维度。

1. 裂变力指数

裂变力指数是社群裂变的主动性衡量指标，即群成员主动传播的意愿强度。运营者想要判断社群的裂变动力指数，可以通过具体活动来实现。运营者策划一个社群活动，然后统计下面几项数据。

种子成员分享次数：活动周期内，所有种子成员的分享总次数。

普通成员分享次数：活动周期内，所有普通成员的分享总次数。

活动新用户数：周期内，活动增加的新用户总数。

社群增加用户数：通过活动，加入社群的用户总数，包含新用户和老用户回归。

二次裂变数：活动周期内，新用户的分享总次数。

数据说明一切，周期内，数值越高，裂变动力指数越高，社群变现能力越强。除此之外，运营者还可以根据各项数值来调整运营策略，提高社群变现率。

2. 时间成本指数

时间成本指数，是指用户传播和完成任务获得奖品，需要花费的时间成本。活动传播路径越短，任务越容易完成，用户参与和传播活动的意愿越高。运营者可以测试用户从"参与活动→传播→完成任务"所花费的时间，判断活动裂变效率。

¤ 活跃度 ¤

活跃度越高的社群，转化率越高。原因很简单，活跃度 = 关注度。无人发言的社群，不仅无法转化，而且可能会完全沉寂，直至解散。

从功能的角度来看，社群内不断有新消息，才会保持在聊天列表前面，让用户看到；从用户的角度来看，用户是有目的地加入社群，当社群中有人讨论时，他们能够有所收获，才会愿意打开社群。

活跃度是评估社群发展潜力的关键因素。如何查看社群活跃度？最直接的方式就是查看社群等级。以 QQ 群为例，查看群等级的方法是这样的：在电脑端打开 QQ 群，点击查看群资料，找到"群星级"，即可查看社群等级。

建立 QQ 群后，运营者一定要填写基本信息。例如，上传 QQ 群头像，填写群地点、群分类、群标签和群简介，上传群相片和群文件等。注意，添加的群标签不能少于 1 个，群相片不能少于 3 张，群文件不能少于 2 个。这些信息填写结束后，群等级图标会立即被点亮。QQ 群一般分为五个等级，如图 6-3 所示。

LV1	1. 完整填写群资料，上传自定义群头像，标签不少于 1 个，简介不少于 30 个字
	2. 群内相片数不少于 3 张，文件不少于 2 个
LV2	群人数 ≥ 50，发言人数 20 以上
LV3	群人数 ≥ 100，发言人数 40 以上
LV4	群人数 ≥ 200，发言人数 80 以上
LV5	群人数 ≥ 300，发言人数 120 以上

图 6-3

运营者填写基本资料后，QQ群就可以达到1级，想要提高群等级，就需要吸引人入群，并让其发言。QQ群等级越高，意味着社群越活跃。

但是，群等级只是评估社群活跃度的一个指标，还有两个指标为用户活跃度和内容活跃度。

1. 用户活跃度

判断用户活跃度的指标有三个：互动次数、互动天数和互动内容量。运营者可以选择一个固定的时间进行统计。例如，以七天为一个周期。

互动次数。统计周期内，群内所有形式的发言数量。

互动天数。统计周期内，群内用户的发言天数。比如，在七天内，有的用户每天都在群中大量发言，有的用户每天说几句话就沉默了，有的用户两天才会发言一次……通过互动天数，可以分析用户对社群的黏度。

互动内容量。在社群中，文字消息是主要消息类型。运营者需要统计消息的字数、类型，分析长消息的占比。

在社群运营常识中，群用户数量＞常驻群用户数＞发言用户数。通过对互动次数、互动天数和互动内容量的数据统计分析，运营者可以计算出社群用户相关互动值，分析社群中哪些是活跃用户、哪些是潜水用户，进行精细化维系和淘汰。运营者还可以给予潜水用户更多关怀，提升其互动频次。

2. 内容活跃度

社群中消息的表现形式有很多，如文字、视频、语音、链接、表情、红包、名片等。据数据统计，社群中文字的占比最高，约为74.4%，图片占比约为12.5%，转发链接占比约为5.77%。

当然，并不是社群内的消息越多，就代表社群的活跃度越高。若社群每天消息不断，但大多都是无意义的闲聊或图片刷屏，即使群成员很活跃，对于变现也没有任何益处。

因此，运营者需要统计文字消息的长短数量、类型，找到用户偏好内容。一个社群中有价值的文字内容占比越多，意味着社群的发展潜力越大，可变现价值越高。

2. 变现模式：你的社群适合哪一种

不同类型的社群，变现方式也不同。有的运营者是通过卖产品，有的运营者仅仅是通过聊天……想要提高变现效果，你必须找到适合社群的变现模式。常见的社群变现模式有下面几种。

¤ 电商变现 ¤

社群电商是将社群作为一种工具来售卖产品，达到变现的目的。比较常见的电商社群有母婴社群、食品社群、女装社群和各种美妆社群等。运营电商社群时，运营者要注意产品的挑选必须与用户需求精准对接。

在电商社群中，产品是吸引用户的关键。在设计社群产品时，你可以遵循"由低到高"的原则，将产品分为引流款、爆款、利润款三种。下面以一个卖女包的商家利用社群出货为例：

引流款。这种产品要具有强吸引力，能够让用户产生物超所值、必须马上下单的感觉。女包厂家可以直接打造引流活动，"原价198元，秒杀价只需18元，包邮"。活动门槛低、力度大，对于用户而言，非常有诱惑力和吸引力。

每晚 8 点，开启秒杀活动。活动开始后，厂商会在社群中发送红包，抢到最大金额的用户获得秒杀资格。每天晚上，会有 1 个秒杀名额。

活动结束后，厂商在群中发送通知：用户分享活动图片到朋友圈，截图联系个人号，可以获得 6.6 元红包。在前期活动建立信任和现金红包的基础上，用户会愿意分享活动图片。

爆款。就是非常火爆的产品，它具有高转化率。这种产品可以弥补引流款的不足，满足用户更深层次的需求，吸引他们购买。

抢不到秒杀名额的用户，可转发朋友圈，截图给客服领取 100 元优惠券。当天下单，立减。

利润款。就是商家主要盈利的产品。用户在社群中待的时间越久，对运营者越信任。商家就可以上线高利润产品，引导用户购买。这种产品一定要满足用户期待，为他们带来惊喜。

女包商家上线的利润款，是今年流行的最新款，商家推出"一律八折"的优惠活动，就可以吸引用户购买。

Tips：社群卖货小工具

1. 甩货宝宝

甩货宝宝是由腾讯投资的，具有为运营者提供货源、流量聚集和订单成交三个功能。运营者可以将产品链接分享到社群，引导用户购买。

2. 嗨团

嗨团是一个提供团购服务的平台。运营者建立社群后，可以在群里分享嗨团提供的产品链接，用户下单后获得分成。

3. 好券推手

优惠券的裂变效果是非常好的，运营者可以利用好券推手，将产品的优惠券分享到社群中，有需要的用户就会领券购买，运营者获得分成。

社群规模扩大后，运营者还可以深度挖掘用户价值。例如，社群中的用户来源于购买女装的客户，除了穿衣需求外，你还可以挖掘她们对化妆品、零食、减肥等的需求，并为其提供产品，扩大产品种类。

¤ 附加服务变现 ¤

附加服务，就是运营者通过社群为用户提供更专业、更有效、更私密的信息服务。比如，用户玩王者荣耀时，可以免费对局游戏，但想要获得好看的皮肤就必须花钱购买。这种变现方式，正广泛应用于社群运营中。我们以"心理咨询社群"为例，看一下具体操作过程。

运营者建立社群后，可以在一些心理平台如壹心理、心情香蕉、简单心理等上面进行引流，吸引用户进入社群，进行变现。

1. 免费解答，获取信任

用户进入社群后，运营者可以定期给用户分享与心理有关的知识、视频和课程等，帮助用户了解更多心理知识。当用户在社群中提出问题后，运营者可以免费解答，为自己塑造专业形象。

免费回答问题时，你既要言之有物，获得咨询者的信任，又要点到即止，刺激用户购买付费服务。

2. 一对一服务，变现

当运营者在社群中树立专业形象后，用户认为你的内容可以解决他的问题，就会想要付费得到详细解答。运营者便可以对用户进行一对一服务，详细了解用户的信息和遇到的问题，为其制定专业的解决方案。

3. 定期回访，巩固

运营者要做好定期回访工作，了解用户的恢复情况。这样既可以让用户觉得服务物超所值，又可以增加用户的忠诚度。

附加服务变现的形式有很多，除了线上解答问题外，还有提供行业资讯、资源对接、连接高档人脉等服务。运营者可以根据社群属性一一尝试。当用户购买附加服务后，对服务的要求会呈阶梯性增加。运营者可以随着用户需求不断递进，提供更加精准和价值更高的服务。

¤ 会员变现 ¤

用户进入社群后，必须支付一定的费用，才能成为正式会员，参与社群活动和享受社群服务，这种变现方式就叫作会员变现。

现在很多社群都创建了自己的会员体系，例如新媒体写作达人粥左罗，在粉丝数量达到 50 万后，他便成立了自己的社群。用户想要进入社群，必须支付一年的会费 299 元。仅通过会费，粥左罗就变现了 200 多万。

对于社群成员而言，群主本身就是 KOL，具有势能优势，即使需要付费，群成员也可以接受。会员也是社群的筛选门槛，通过收费将有共同价值观和目标的人群聚合到一起，提高社群价值。

运营者想要通过会员变现，必须建立一个完整的社群体系，下面我们来看下具体实施过程。

1. 有一个 KOL

没有人愿意为没有价值的东西花钱，想要让用户心甘情愿地花钱，运营者必须找一个有号召力和信服力的 KOL。

例如，罗振宇推出个人脱口秀节目《罗辑思维》后，不但吸引了大批的粉丝，而且成为知识领域非常有号召力的 KOL。紧接着，罗振宇推出了得到 App，并且实行付费会员制。普通会员年费 200 元，铁杆会员年费 1200 元，5500 个普通会员名额只用 6 小时就售罄。

运营者想要建立会员体系，首先要让自己成为社群的 KOL，或者和知名大 V 合作，打造社群的灵魂，提高社群凝聚力。

2. 会员付费矩阵

以前的会员，一般分为钻石、黄金、白银三个层级。现在的会员付费，则是结合了消费价值、个性表现和社交影响力等进行立体化切分，形成多维度的付费矩阵。例如，常见的视频会员，不仅将会员等级划分为黄金和钻石，还进一步将用户等级细分为V1～V7。用户可以根据使用会员天数升级。

下面，我们以"得到App"为例，看一下它是如何划分会员付费矩阵的，如表6-1所示。

表6-1

垂直维度	数量	1
	名称	听书VIP
	划分标准	按付费标准
	差异	会员权益
	有效期	按照套餐付费有效期计算
水平维度	名称	学习小组
	划分标准	经济、军事、读书等领域及相关订阅专栏组成的学习小组
	差异	不同圈子的讨论内容
会员会费	一年	365元
	月	48元
	连续包月	35元
	试用	7天0.1元

3. 设计会员权益

会员权益和会员等级是相辅相成的，若是用户花了钱却没有享受到该有的服务，就会产生被欺骗的感觉，直接退群。一

般，用户成为会员后，可以享受下面这几种权益，如表 6-2
所示。

表 6-2

权益	内容
会员尊贵标识	特殊标记
会员专属资源	热剧抢先看 专属资料下载
内容付费优惠	免费听书 会员书目免费 每月 4 张优惠券 付费影片半价 第二年续费半价
增值服务体验	去广告 下载加速 更换皮肤 定制书单
限额活动	网剧探班 明星见面会 现场演唱会 "大咖"见面会
会员专属服务	生日礼包 成长任务 签到有礼

运营者可以根据会员的需求定制会员权益，让会员感觉自己受到了重视，这样他们就会愿意为社群内容付费。

¤ 广告变现 ¤

社群广告变现的本质是把社群当作广告投放渠道。成熟社群的优势在于群成员的高精准和高互动，如果广告产品和社群成员能实现精准对接，广告也是社群变现的不错方式。常见的广告变现方式有两种：一种是硬植入，另一种是软植入。

¤ 硬植入广告

这种模式常见于优惠券社群。运营者建立社群的目的是发送各种产品的优惠券，用户进入社群的目的是领取优惠券，以更低的价格购买需求的产品。所以，运营者直接在社群中打广告，能够取得最好的效果。用户领券购买产品后，运营者可获得佣金。

¤ 软植入广告

相对于"硬广"，软植入广告可以更巧妙地融入环境中，既可以给用户留下深刻印象，又不会显得突兀。

软植入广告，就是将广告以社群内容、社群活动的形式展现在用户面前。比如，在很多自媒体文章中，广告与内容深度吻合。用户看后，一点儿都不觉得广告内容生硬、突兀。只有做到这样，用户才有可能买账。

运营者若是想要设计一种让用户更容易接受广告的方式，可以使用下面三种方法。

1. 活动

通过社群活动植入广告，更容易被用户接受。以"减肥社群"为例，运营者接到一个减肥代餐粉的广告，然后根据产品设计了一个减肥活动。

活动内容：报名的用户可参与减重活动，用户需要上传初始体重，每日进行饮食、运动打卡。活动结束后，按照用户减掉体重多少进行排名，前10名可以获得奖品。

活动时间：30天

活动奖品：减肥代餐粉大礼包、量身定制减肥方案

活动规则：获得奖品的用户，使用产品后，需要写体验报告，并且发送到社群中。

2. 场景

将广告与场景结合起来，让用户自然而然地接受。以"美妆社群"为例，运营者接了一个粉底液广告。在化妆视频中，运营者可以一边使用，一边详细解说产品，如成分天然、贴合皮肤、细腻不油腻、易推开、效果持久等，直接向用户展示使用效果。用户认为

产品效果好时，就会去购买，运营者就能完成宣传的目的。

3. 软文

若运营者在社群中拥有很强的号召力，可以直接为广告写一篇软文，在软文中详细介绍产品，然后发送到社群中，让用户去阅读。

运营者利用社群进行广告变现时，必须建立在社群已经有过深度运营，并且有了良好发展的前提下。若运营者在前期没有深耕社群，纯粹地把社群当作广告渠道，那可能很快就会被社群用户举报，导致社群被封号。

Tips：主动寻找广告主很重要

当社群的流量上来后，运营者需要主动去寻找愿意合作的广告主，而不是被动地等待。常见的接广告平台有广告联盟、百度联盟、新媒广告价小程序等。

在寻找广告主之前，运营者首先要做好准备工作，例如总结服务内容、整理广告位、估算广告价值等。

总结服务内容：你可以为客户解决什么样的问题、提供什么样的价值。

整理广告位：广告位是投放广告的出口，不同的位置价格不同，如整个社群、视频开头和结尾、文章结尾等，运营者需要根据社群内容和广告方式——列举价格。

估算广告价值：运营者需要分析社群的活跃度和转化率，以此来确定广告费用。

¤ 合作变现 ¤

合作变现的本质，就是一种资源整合。你拥有一种资源，他也拥有一种资源，你们两个进行合作后，可以获得更多收益。合作变现一般具有下面三种方式：

1. 换粉互推

市场上做同类社群的有很多，你可以与其他运营者进行互推。例如，你运营的是职场培训社群，可以邀请其他社群的讲师来上课，你也可以去其他社群上课，这样既可以获得分成，又可以获得新流量。社群用户属性差不多，联合推广可以帮助运营者获得更高的势能。

2. 资源交换

你可以与其他运营者进行资源交换，这些资源包括人脉、粉丝、行业资讯、业内"大咖"等。资源交换可以为你带来更多新的粉丝，让你了解最新消息和认识更多名人。

3. 合作产品

你的产品可以与他人产品形成组合，这样就可以进行合作推广。例如，你运营的是多肉植物养殖信息交流社群，另一个人运营的是多肉植物销售社群。你就可以和对方合作输出内容，引导用户购买多肉植物，然后分成。

3. 社群卖货：天天爆单的心理套路

社群卖货，攻心为上。你只有弄清楚用户购买产品的心理，才能做到天天爆单。下面，我们来看一下常见的用户心理有哪些。

¤ 从众心理 ¤

从众心理，也被称为羊群效应，在一群羊面前放一根木棍，让第一只羊跳过去，第二只、第三只、第四只……也会跟着跳过去。这时，即使你将木棍拿走，后面的羊也依然会做跳跃动作。

生活中，很多人的行为都会受到外界的影响，从而让自己的判断、认知表现出符合多数人的行为方式。比如在外面逛街时，人们看到某一店铺前排了很长的队伍时，也会不自觉地去排队。

从众心理，在社群卖货中也多有应用。比如你运营的是一个减肥社群，新推出了一款减肥产品，你可以每天都在社群中@大家，又有谁谁购买了产品，购买人数不断增加。其他用户看到已经有这么多人购买产品了，也会忍不住下单。

运营社群时，你想要触发用户的从众心理，具体可以这样做：

1. 设立一根标杆

从众心理的重点在于"跟从",运营者可以在社群中设立一根标杆,激发用户的从众行为。例如,你可以在社群中@某某,你是第10位购买产品的用户,除了产品,还将获得神秘大礼包一份。其他用户看到有人获得了奖品,在从众心理的刺激下,也会购买产品。

2. 制造数据

运营者在社群中发送产品月销量截图,目的就是告诉用户,这款产品很畅销,已经得到了其他用户的认可,可以购买。

3. 用户反馈

运营者可以定期跟踪回访购买产品的用户,与其互动,获取用户反馈。然后,将这些用户反馈发送到社群中。真实的用户反馈可以让群内用户产生"别人用过说好,那我也买来试一试"的想法,然后下单。

发送用户反馈前,运营者必须取得用户的同意。同时,注意给用户的隐私打马赛克。

4. 制造场景

运营者可以根据产品制造场景发送到社群中。例如,你有线下店铺,就可以制造售卖场景:一个员工将产品摆在收银台旁,一个员工购买,另一个员工拍照,也可以直接拍摄店内人流量,然后将照片发送到社群中。或者,你运营的是课程培训社群,可以拍摄成员上课的场景发送到社群中。这样,既可以获取用户的信任，又可以触发他们的从众心理，促使他们下单购买产品。

5. 给予身份

当用户获得他人没有的身份时，虚荣心会被大大满足。例如，你可以在社群中实行会员制，当有用户购买产品后，你直接@某某购买了某产品，恭喜你成为第256位会员，可以享受买一赠一、第二件产品半价购、生日礼包等多项权益。用户看到他人成为会员后，可以获得如此多的好处，在从众心理的刺激下，就会购买产品成为会员。

6. 制造售光图片

运营者在社群中发送今日产品售光图片，制造出产品很受欢迎的景象，并承诺明天会上架产品。老客户会认为自己选对了产品，新客户看到产品如此受欢迎，也会跟着下单。

¤ 攀比心理 ¤

攀比心理，也被称为面子心理、妒忌心理。研究表明，消费者的消费行为可以相互激活，导致互相攀比的现象产生。

这种心理是基于用户对自己所处阶层、身份及地位的认同，他们选择的参照对象为同阶层人群表现出来的消费行为。社群是拥有同种兴趣、需求的人的聚集，用户圈层差别不大，非常适用攀比心理。你可以将攀比心理运用到社群运营中，刺激用户购买产品。

例如，你运营了一个美妆社群，可以在社群中向用户讲解、展示各种名牌口红、高档化妆品。然后告诉他们，现在很多时尚女孩都喜欢用这些化妆品，并@已经购买的用户。在攀比心理的刺激下，其他用户也会购买化妆品。

在运营社群的过程中，我们怎样做才能利用攀比心理来完成更多订单呢？

1. 寻找比较对象

进行攀比营销前，运营者首先要根据产品属性确定比较对象。例如，你运营的产品是职场技能培训课，目标用户为职场白领，需要将用户与周围的同事进行对比；你运营的产品是童装，目标用户是宝妈，需要将宝妈的孩子与同龄儿童进行对比……找准比较对象，才能快速激发用户的攀比心理。

2. 强调产品的普遍性

当使用一种产品成为生活趋势时，用户就会产生"别人有了，我也必须有，否则就落后"的心理。因此，我们在社群中描述产品时，尽量让用户意识到使用这个产品已经是生活中很普遍的一件事情。用户认为除了自己，别人都拥有了产品后，在攀比心理的刺激下，就会产生强烈的购买欲望。

3. 与同类用户进行比较

与同类人进行比较，更能激发用户的攀比心。我们可以举个例子来看下。有一个老板去购买汽车，他看中了一辆黑色的，但这款颜色的车已经脱销。销售员劝他购买白色的，老板拒绝。这时，经理过来说："现在街上跑的车，还是白色居多。"老板听完，立马付款购买了白色汽车。

运营者在介绍产品时，可以告诉用户，同一身份的人都在使用产品。即使这个产品并不是用户迫切需求的，在攀比心理的刺激下，他们也会购买。

¤ 占便宜心理 ¤

生活中，每个人都会有占便宜心理。研究发现，喜欢占便宜的人心理上都有较强烈的占有欲望，当他们成功占到便宜后，心中会产生满足感。在这种满足感的促使下，他们会产生冲动性消费。

通常来说，商家常用的各种优惠促销活动，利用的都是客户占便宜的心理。社群运营中同样可以利用这一心理来进行变现。那么，一场成功的社群促销活动，到底应该怎么做呢？

1. 选择促销时机

策划社群活动时，运营者要选择正确的促销时机。社群刚上线产品时，社群活跃度会经历四个时期，如图6-4所示。

引入期：社群刚上线产品时，关注的用户少，不需要做促销

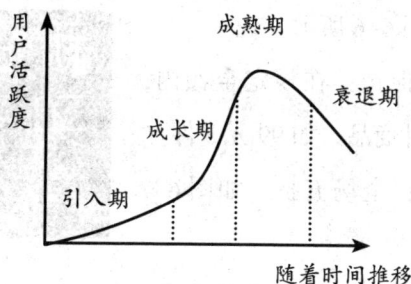

图 6-4

活动，运营者最重要的是塑造产品价值。

成长期：用户对产品有了一定的价值认知度，运营者可以尝试推出一两个促销活动，提高产品人气。

成熟期：用户活跃度最高峰，运营者可以推出多种促销玩法，促使用户下单。

衰退期：产品的价值感下降，用户活跃度降低。运营者适时推出新产品的促销活动，并与旧产品进行捆绑销售。

促销活动，尽量选择在热门节日、纪念日或大事件等时间进行，既给用户一个参与理由，又方便活动借势。

2. 选择促销方案

常见的社群活动促销方案有下面几种：

图 6-5

满减促销：用户购满规定价格，获得一定的减价优惠，叠加无上限，如图 6-5 所示。

满赠促销：用户购买产品，获得赠品，如买一送一、买100

赠 100 等，如图 6-6 所示。

多买优惠促销：在规定金额内，用户可任选多件商品，如 99 元 5 件。

打折促销：全场五折，如图 6-7 所示。

图 6-6

优惠券促销：发放大额优惠券，用户购满金额可以直接抵扣，如用户领取 280 元优惠券，满 400 使用，实付 120 元。

确定活动促销方式后，运营者需要提前在社群中预热活动，引起用户

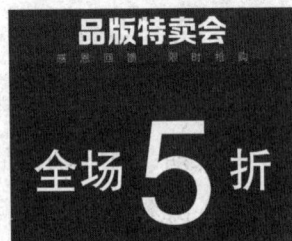

图 6-7

的兴趣。在促销的过程中，运营者要标明商品的原价，与促销价格形成鲜明的对比，突出活动优惠，让用户产生不购买产品就会吃亏的心理。

Tips：便宜与占便宜的区别

占便宜心理，并不是让客户买到便宜东西，而是让客户产生占便宜心理。比如，你的产品价值 50 元，售价为 50 元。这是便宜商品，但并不会让用户觉得占到了便宜。只有你的商品价值 100 元，售价为 50 元，才会让用户认为占到了便宜。

在设计活动时，为了不亏本，运营者首先要放大产品价值，即预留 40% 的价格空间来进行促销，满足用户的占便宜心理。

¤ 恐惧心理 ¤

恐惧是人们的一种心理状态，是指当人们面临某种危险情境时，想要摆脱又无能为力进而产生的一种情绪体验。用户产生恐惧心理后，就会迫切地想要找到解决办法。运营社群时，你可以运用恐惧心理，达到卖货的目的。

例如，你运营的是母婴社群，对于孕妇而言，很多电子产品都具有辐射。你可以在社群中讲明辐射对孕妇和胎儿的危害，顺势推出"孕妇防辐射衣"，并且详细解说防辐射衣的优点。在恐惧心理的支配下，很多孕妇都会购买防辐射衣。

运营者利用恐惧心理进行营销时，可以从下面三点着手：

1. 找到用户恐惧点

营销前，你首先要找到用户的恐惧点，即用户害怕什么。每个人的恐惧点不同，运营者可以根据用户性别、职业、年龄层、阶层来划分。如，女性面临变胖、变丑、青春流逝等危机；中年人面临职场危机、房贷、子女教育等问题；白领面临裁员、升职、技能不全等危机……

直接找出用户最恐惧的问题，然后根据产品和用户属性，将用户没有注意到的痛苦现状描述出来。

2. 放大焦虑

在描述痛苦现状时，运营者要把问题出现后若不及时解决，会导致的恶劣后果——列举出来，放大用户的焦虑。

例如，程序员经常熬夜加班，会出现身体免疫力降低、脱发、神经衰弱等问题，若不及时解决，就会导致秃顶、猝死等严重后果。程序员在看到熬夜的危害这样大后，会立刻改善作息；若不能改善，就会十分恐惧，转而寻求别的养生方法。

3. 提出解决方案

恐惧点找到了，用户也焦虑了，运营者顺势推出可以解决问题的产品，就可以快速获得用户的喜爱和信任，从而提高产品销量。

Tips：恐惧营销的两个原则

在社群中运用恐惧心理进行营销时，需要注意两个原则：

①给用户希望

当恐惧没有来临时，很多人都会有庆幸心理，一旦恐惧真的降临，心理防线就会崩溃。因此，在营销文案中，你可以给予用户希望，即用了产品后可以获得什么样的保障。比如，你是做保险行业的，文案可以为："给自己买一份保险，让家人得到一份安心。"

②不过度渲染

运用恐惧心理时，运营者不要过度渲染，以免引发用户的反感。比如，你运营的是一个减肥社群，你可以告诉用户减肥可以变美、变健康。但是，不能直接传递"不减肥就是丑"的价值观。这样用户不仅不会购买你的产品，还会造成舆论危机，进而举报社群。

¤ 权威心理 ¤

权威效应，也被称为"暗示效应"。人们总是将权威机构、权威人物当作是正确的楷模，并不自觉地相信和服从它（他）们，增加自己行为的安全系数。

从消费心态分析，消费者十分推崇权威人士。在决策时，情感会远远超过理智，从而产生冲动消费。

运营社群时，你可以通过权威心理将产品人格化，让用户无理由地选择产品，进而达成产品的畅销。

例如，你运营的产品是孕妇防辐射服，希望通过社群运营让更多用户购买产品，就可以包装产品的权威性。

2012 年，该产品被评为十大防辐射孕妇装品牌之一。

2016 年，该产品成为百度搜索风云榜最热门防辐射服品牌。

2016 年，该产品成为防辐射服"全球十强品牌"榜首。

2020 年，该产品月销量超百万件。

通过一系列权威数据的包装，可以让用户明白，我们的孕妇防辐射服是最权威的品牌，质量有保障。在权威心理的促使下，用户就会购买产品。

在社群销售产品时，运营者可以深度剖析产品特点，放大延伸产品的权威之处，进一步阐述用户需求点，突出产品的权威性。那么，运营者如何打造产品的权威性，促使用户下单呢？

1. 权威机构背书

购物时，人们总会选择包装上有权威机构认证的产品。他们认为权威机构认证过的产品，质量肯定有保障。运营者可将产品交于权威机构鉴定，并向用户展示鉴定证书，即可获取他们的信任，促使他们产生购买行为。权威机构包括学校、政府、医院、科研机构等。

2. 专业包装

专业的外观可以让产品看起来更具有权威性。比如，医生会穿白大褂，房产中介会穿职业装，警察会穿警服……

运营者想要产品看起来更加权威，必须在产品的外包装上下功夫，将产品的设计风格、颜色搭配与当前的权威元素相结合，给予用户心理暗示，让他们产生信任。

3. 荣誉

产品获得的荣誉越多，产生的权威效应越强烈。进行产品营销时，运营者可以在产品介绍中罗列产品获得的荣誉，如获得某场比赛第一、某领域第一、某领域首创、十大品牌之首、信誉十佳产品示范等。

在罗列产品荣誉时，运营者尽量做到有的放矢，避免凭空捏造。否则，一旦被用户识破，就会产生信任危机。

4. 专家背书

某一领域的专家，本身就具有权威性，请他们为产品代言，就可以产生权威效应。例如，知识型社群中，会经常邀请知名"大咖"上课，既能吸引更多用户，又能增加社群的权威性。运营者利用专家增加产品权威性时，必须列举专家曾获得的成就和头衔。

5. 专业数据

列举产品的各项数据，不仅能体现产品的专业性，还能增加产品的权威性。例如，运营的产品是技能培训课，可以列举已经参加课程的人数、学成升职加薪人数、高质量教师人数等。

¤ 稀缺心理 ¤

对于稀缺心理，社会学家艾尔德·沙菲尔和森德希尔·穆莱纳桑是这样定义的：当人们认为自己缺乏什么，如时间、食物、金钱等时，他们就会念念不忘，这种稀缺感一直存在于潜意识中，并影响人们的想法，让大脑产生一连串强烈的需求感。在稀缺心理的影响下，人们会一直处在焦虑、恐惧中，并且迫切地希望找到解决办法。

稀缺心理常用在产品营销中，例如，小米的饥饿营销，通过减少产品数量，营造供不应求的现象，激发用户的购买欲。这种心理，同样可以应用到社群运营中，提高变现率。那么，我们该如何打造产品的稀缺性呢?

1. 限时限量

在饥饿营销中，限时限量是最常用的手段。

限时。在规定时间内，以优惠价格购买产品。表现方法有：在活动页面添加倒计时、飞速流逝的秒表计时，如图 6-8 所示。

距优惠结束

55 : 34 40

图 6-8

限量。限制产品的数量，用户需要抢才能买到产品。研究发现，限制产品的购买数量，可以增加 50% 的销量。

在限量促销时，运营者可以添加库存告急、限量抢购、限量发售等字眼，打造产品稀缺性，促使用户下单。在活动页面，运营者还可以标明剩余产品数量，提升产品的稀缺效应。

通常情况下，在促销活动中，限时和限量是并存的，时间越短，名额越少，用户就会越焦虑，稀缺效应的效果也就越好。

2. 加强语气

策划活动文案时，运营者可多用"急速语气 + 感叹号"的形式。例如，"数量不多，赶快购买！""活动时间仅剩 1 小时，火速购买！""快！还有 300 件"……通过语境加强用户的紧迫感，促使其立马下单。

3. 强调损失

每个人都有"损失厌恶"心理，损失越大，用户的焦虑感越强。运营者在打造产品稀缺性时，可以添加这种心理。例如，"快！还有 300 件！错过再等一年！"，突出活动的稀缺和优惠力度，让用户产生"现在不行动，就会吃大亏"的紧迫感，促使其下单。

4. 复购率：让客户持续下单的核心秘籍

运营社群时，开发一个新客户的成本约是维护一个老客户成本的 6 倍。由此可见，维护老客户、提高复购率的重要性。那么，怎样做才能让客户持续下单呢？

¤ 提高客户复购的核心要素 ¤

运营社群时，我们不仅要开发新用户，同时也要关注老用户的留存和复购。提高客户复购率的核心要素有两个：

1. 信息多次触达用户

用户知道产品，才有购买的可能。运营者想要提高产品复购率，必须让信息多次触达用户。例如，你的社群推出了新产品活动，可以通过下面几种渠道通知老客户。

社群通知：定期在社群内发送活动信息，或将活动信息放在群公告上，方便老客户了解。

群发消息：群发私聊老客户，避免他们屏蔽社群，没看到活动信息。

电话 / 短信通知：打电话或发短信通知老客户参加活动，确保信息触达用户。

小卡片：在用户购买产品中随赠小卡片，卡片内容是下次活动的时间和内容。

2. 给客户复购的理由 ···

运营者想要提高复购率，需要给客户一个复购的理由。社群运营，常见的刺激客户复购的理由有下面几种：

会员特权。引导用户成为会员，并给予会员特权和福利。例如，客户购买产品后，可以获得积分，积分可以兑换礼品、优惠券等。客户为了获得积分，会不断地购买产品。

会员特权日。选定每周、每月固定一天为会员特权日，会员日当天，进行产品促销或购物赠送礼品，可以刺激老客户每周、每月这一天购买产品，培养复购习惯。

下次消费代金券。客户购买产品后，赠送代金券，下次购买产品可直接抵扣。在占便宜心理的促使下，客户会继续购买产品。

分期消费券。客户购买产品后，赠送分期消费券。例如，客户购买了1000元的产品，直接赠送1000元消费券，每次消费1000减100。这样既可以提高客户复购率，又可以让客户产生一种归属感，成为忠实顾客。

Tips：复购的本质

复购率可以体现用户价值，以淘宝会员为例，假如一个淘宝会员每个月固定花费在生活用品上的金额为200元，一年为自己买衣服、鞋子的金额为3000元，为父母购置保健品的金额为2000元。那么，这个会员每年固定花费在淘宝的金额就为7400元。

对于淘宝而言，只要继续维护会员，就可以让会员每年至少花费 7400 元，并且这个金额很大概率会逐年增加。淘宝会员使用淘宝期间花费的次数，就是会员之于淘宝的复购率。而相对于公域流量，私域流量的封闭性，更利于提升复购率。

在营销学上有一个词叫"顾客的终身价值"，是指每个购买者在未来可能为企业带来的收益总和。2018 年，互联网女皇玛丽·米克尔曾在互联网趋势报告中提到"用户终身价值"这一概念，并指出"终身价值和用户的购买成本是现在品牌零售商关注的非常重要的指标"。在社群营销中，如果维护得足够好，就可以最大化地提高用户的终身价值。

¤ 提供购物保障 ¤

运营者想要通过社群变现，必须为客户提供购物保障条款，让其无忧购物。购物保障包含售前服务和售后服务。

1. 售前服务

服务时间。您在购物过程中遇到任何问题，都可以在线或电话联系客服，我们将为您提供帮助。客服在线时间：9：00—21：00。

质量保障。坚持"诚信为本"的经营理念，所售产品均为正品。若您购买的产品出现质量问题，请及时联系我们退换。

15 天保价。提供 15 天保价服务。您购买产品后，15 天内价格下降，可凭借订单截图联系客服退差价。

2. 售后服务 ....

良好的售后服务是抓住客户的关键。运营者想要通过社群变现，必须打造一个良好的售后服务体系。

售后客服。社群规模扩大后，运营者需要聘请两到三个客服，快速解决客户购买过程中遇到的问题。

技术服务支持。当客户使用产品过程中遇到问题时，你必须保证能够提供专业的技术服务。

7天无忧退货。支持7天无理由退货。您签收商品7日内，在不影响二次销售的情况下，可申请无理由退货，生鲜商品、特殊商品除外。

15天换货。支持15天换货。您签收商品15日内出现质量问题可申请换货。审核后，若符合换货条件，将提供换货服务。

服务态度。售后服务的目的是让客户真正满意，解决问题时，你需要从客户的角度出发。即使对方态度不好，你也要保持良好的态度，耐心地向对方说明情况，并提出解决办法。

解决方法。遇到问题，售后客服需要与客户协商补偿措施，如退换货、金额补偿，并在用户收到退换商品后，跟进商品的使用情况，直到让客户满意为止。

¤ 重视老客户意见 ¤

老客户反馈的意见，往往都是产品真实存在的问题，运营者一定要重视。只有问题解决了，老客户才会持续下单。那么，运营者怎么收集老客户的意见呢？

1. 实时反馈

有一些客户购买产品后，会直接在社群中反馈意见。当有客户反馈自己购买的产品有问题时，运营者需要及时私聊客户，并给出客户满意的解决方案。同时，及时解决客户反馈的问题，给客户留一个好印象。

2. 客户评价

有一些客户购买产品后，会留言评价。运营者需要定期查看用户评价，并筛选出差评，查看问题出在哪里，并及时解决。

3. 回访调查

定期回访老客户，询问对产品是否喜欢，或通过问卷调查分析客户对产品的态度和意见，并及时改进。

07

升级：
优化延长社群的
生命周期

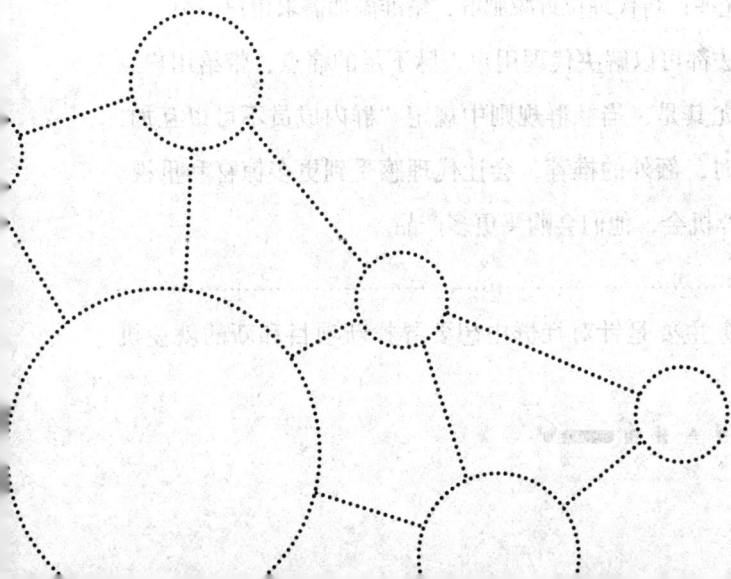

1. 价值增长：不断打磨产品和服务

不断提升社群价值，才能留住用户。运营者想要增长社群价值，就必须不断升级社群服务、产品和个人影响力。

¤ 服务升级 ¤

服务升级，是指社群不仅能满足用户原有的服务内容，还能带给用户意外的惊喜。常见的服务升级包含三方面内容：

1. 拓展人脉

你运营的是减肥产品分销社群，社群中的主要群体为代理用户。进货多的代理，运营者可以帮助拓展人脉，将代理的名片发送到其他群中，让有需求的用户添加；在朋友圈中推送社群代理的名片，增加曝光率；将代理拉近减肥群，精准添加需求用户……

这些方法都可以解决代理用户人脉不足的痛点，带给用户意外的惊喜。尤其是，当社群规则中规定"群内成员不可以互加，违规踢出"时，额外的推荐，会让代理感受到更多惊喜和重视。为了获得推荐机会，他们会购买更多产品。

2. 寻找发展

这种服务主要是针对社群中想要寻找新项目和新的就业机

会的用户。例如，你运营的 PS 学习交流社群，可以组织学员分享工作经验和薪资，邀请"大咖"讲解就业前景、从业心得，或在社群中发送招人信息等，让社群用户能够获得更好的机遇和发展，提高他们对社群的忠实度。

3. 个性化服务

不同的用户需求不同，运营者可以推出个性化服务，用户根据自己的需求定制服务内容。例如，PS 学习交流社群中，有的用户零基础；有的用户刚入门；有的用户已经可以熟练使用软件，需要更高深的知识……运营者就可以根据用户的水平进行课程定制。

个性化服务，将千人一面的服务内容转化为千人千面，更能体现社群的专业性。

▯ 产品升级 ▯

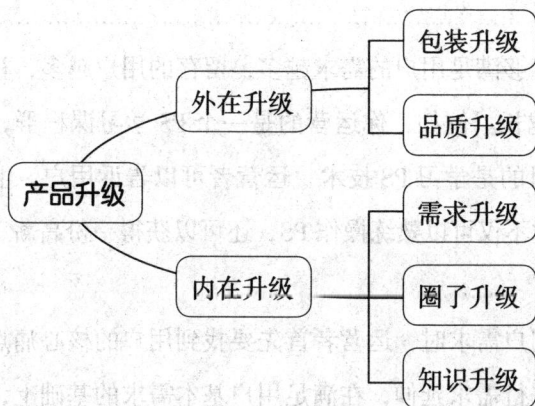

图 7-1

科技的不断发展，会促进用户的消费需求不断升级。运营者想要延长社群的生命周期，就需要不断对社群进行升级，为用户创造消费的前提条件。

产品升级包含两个层级，如图 7-1 所示。

1. 包装升级

升级产品的包装，能够给用户带来最直观的感受，也是长久吸引用户的关键。运营者在包装社群时，可以设计一个具有代表性的 LOGO、找名人"大咖"为 KOL 等，为社群赋予特殊的意义。例如，你运营的是减肥产品社群，向用户推荐产品时，可以列举产品获得的奖项、成功案例和专家资历等，引起用户的购买兴趣。

2. 品质升级

升级产品的品质，能获得回头客。在运营社群时，运营者一定要严格控制产品的品质，带给用户优质的购物体验。

3. 需求升级

产品能够满足用户的需求越多，留存的用户越多，社群的生命周期就越长。例如，你运营的是一个 PS 学习课程群，用户进入社群的目的是学习 PS 技术。运营者可以告诉用户，上完我们的课程，你不仅可以熟练操作 PS，还可以获得一份高薪工作或升职加薪。

升级用户需求时，运营者首先要找到用户的核心痛点，然后围绕痛点进行需求延伸，在满足用户基本需求的基础上，为用户描绘未来的好处，他们就会留在社群中，并且愿意为产品买单。

4.圈子升级

升级用户的社交圈，可以提高用户对社群的黏性。社群是建立在社交基础上的，用户不仅可以买到心仪的产品，还可以找到志同道合的好友，满足用户的社交需求。例如，你运营的是美妆社群，可以不断输出专业内容，引导用户讨论。

5.知识升级

升级社群的知识，开拓用户的眼界，可以延长社群的生命周期。例如，你运营的是减肥社群，你不仅可以告诉用户与瘦身有关的知识，还可以告诉用户一些美容知识、衣服搭配、如何化妆、如何让自己的生活变得精致起来……用户在社群中获得的有价值的知识越多，对社群的黏性越大。

¤ 个人影响力升级 ¤

在未来的社群运营中，若你不能升级个人影响力，将会面临这样的困境：缺少流量，因为即使你引流成功，也无法留住用户；对用户没有足够的吸引力，他们也不会想要去了解和参与到社群中；成交能力和运营效果低下。

若是你升级个人影响力，将会带给社群运营这样的好处：持续获得大量流量，且能够留住用户；个人影响力不断提升，能够吸引更多用户主动了解社群；成交能力高，运营效果更好。

个人影响力对社群运营的影响越来越大，你必须打造自己的个人品牌。打造个人品牌的方法如下：

1. 个人定位

打造个人品牌前，运营者首先要为自己做好定位，即兴趣爱好、擅长的专业、才能等。例如，你运营的是美食社群，擅长做美食，就可以将自己包装成美食家，用各种美食吸引用户。

明确的定位可以加速用户对你的认知，进而去了解和加入社群。

2. 包装形象

打造个人品牌，运营者需要对自己进行形象包装，给用户留下一个好的第一印象，赢得用户的信任。包装形象，运营者可以从视觉和语言两方面入手。

视觉。运营者展现在用户面前的形象，通过对细节的包装，如医生的白大褂、白领职业装、厨师的高帽子等，来展示运营者的个性化和专业化。在社群营销场景下，运营者可以通过有特色的头像来展示个人形象。

语言。运营者将自己独特的观点、价值观打造成个人语录和金句，形成自己鲜明的特色。如"定个小目标，挣它一个亿""我对钱没有兴趣"等，让用户形成深刻记忆。

3. 培养能力

在社群中，越有能力的人越能够吸引其他人跟随。运营者打造个人品牌时，要不断提升自己的能力。

平台运营能力：熟悉社群运营规则，满足用户的内容要求。

内容创作能力。提高内容创作能力，持续输出有价值的内容。

资源协调能力。懂得利用身边的资源，如找大咖背书、社群合作等。

不断学习能力。无论什么时候，运营者都不能停下学习的脚步。互联网时代，信息零时差，运营者即学即用，实践次数多了，个人品牌就自然而然形成了。

4. 确定核心思想

要让个人品牌立起来，运营者需要有自己的核心思想。你在运用社群的过程中，需要不断学习，吸收大量知识，通过不断思考总结出自己的思维逻辑。这个思维逻辑必须能够吸引用户，为用户带来价值。

2. 社群矩阵：通过复制扩大社群规模

有的运营者通过复制社群，可以快速将社群规模扩大到上万人，形成自己的社群矩阵。

社群复制是有技巧的，运营者首先要知道哪些社群适合复制，哪些社群不适合复制。下面，我们来具体看一下。

¤ 适合复制的社群 ¤

在复制社群前，运营者首先要弄清楚，自己的社群适不适合被复制。适合复制的社群有下面几种：

1. 平级社群

平级社群，是主群用户人数达到上限，运营者直接复制一个完全一样的社群。如，一群、二群、三群等。

条件：拥有明确且单一的主题，目标、讨论话题和管理模式一致。

2. 上下级社群

上下级社群，是指精准划分主群，每个群的成员阶层不一样。例如，你运营的是一个美妆产品销售社群，主群为销售经理群，二群为销售成员群，三群为 VIP 用户群，四群为普通用户群。处在同一阶层的用户，才会有更多的共同话题。

条件：社群用户具有明显的阶级分层。

3. 分化社群

社群目标用户具有共同的标签，但是具体需求不同。运营者可以根据职业、年龄、性别精细划分用户，成功建立一个社群后，可以复制方法和步骤，建立另一个目标用户社群。例如，你运营的是宝妈社群，建立一个有 3 岁宝宝的宝妈群后，可以直接复制建立有 4 岁、5 岁等宝宝的宝妈群。

条件：目标用户可进行分化。

4. 地域社群

地域社群非常适合复制，运营者可以根据地域复制同城群。例如，你运营的是美食群，建立一个北京小吃群后，可直接复制建立上海小吃群、天津小吃群……

或者，某一地域特色产品社群，特色产品非常有名，购买的用户非常多。运营者建立一个社群后，可以直接复制上一个社群的建群方式。

¤ 社群复制的模式 ¤

社群复制有三种模式，分别为俱乐部、加盟店和旗舰店。运营者复制社群时，可以直接套用。

1. 俱乐部形式

俱乐部形式，就是社群设置了时间、价格和主要服务内容，用户付费才可加入社群。例如，你运营的是知识型社群，一个月为一期，每期999元会费，参加三期的成员，第四期会费减免300元。

这种模式的社群，用户对社群的黏性高，当社群用户人数达到上限后，运营者可以直接复制一个新群。

2. 加盟店形式

加盟店形式，是建立在社群已经有了口碑和固定的运营玩法机制基础上的，运营者可以直接复制社群，建立分社，快速扩大社群规模。

3. 旗舰店形式

旗舰店形式，是建立在运营者不追求社群规模的扩张速度，而是在意用户的质量的基础上的。运营者找对用户，将其变为忠实用户，形成长期联络。运营者不断为用户提供新产品，刺激用户购买，形成消费品不断复制的现象。

¤ 社群复制的原则 ¤

复制社群时，运营者不要盲目复制，要遵循"先打样，后复制"的原则。

打样是社群复制的前提。运营者首先要花费足够的时间，成功建立一个社群，并了解清楚其中的套路。比如，运营者需要了解社群的目标用户有哪些、玩法有哪些、针对不同属性的用户玩法有什么区别、常见的误区有哪些、如何规避错误……将整个社群的运营模式吃透，然后再进行复制。

复制社群时，运营者可以先复制一个，查看社群是否适合复制。若是适合，再根据需求复制多个。

运营者不要盲目扩张，自己还没有弄懂怎么玩，就盲目扩张，很容易打乱社群的整个运营计划，提前走向衰败。

Tips：矩阵搭建常见的坑

搭建社群矩阵时，运营者经常会踩坑，无法获得理想的运营效果。所以，运营者需要了解搭建社群矩阵常见的坑有哪些，避免踩坑。

坑1：盲目扩张规模

很多运营者为了追求用户人数，在没有熟悉社群的整个运营套路时，盲目建新群，结果导致整个社群矩阵迅速崩盘。搭建社群矩阵就像盖房子，第一个社群是房子的地基，只有打好地基，才能保证房子的坚固性。

坑2：不需要运营人员

很多人认为社群运营很简单，并不需要专业的运营人员，自己一个人就可以完成引流、互动、分享等工作。在前期，社群用户规模小，运营者可以身兼数职，但是当用户规模不断扩大时，运营者就会力不从心，出现服务不到位、用户流失的现象。

因此，运营者若是一开始的目的定位就是搭建社群矩阵，就需要提前规划好运营人员。一个社群，除了群主外，还需要群管理员、KOL等。

坑3：低估运营成本

有一些运营者会走进"建立社群就是建立微信群"的误区，产生"社群运营简单、低成本且效果好"的想法。但是，社群的引流、互动、变现、维护等工作都需要投入大量的时间和金钱。若运营者没有设计好社交模式，就会造成成本浪费。

运营者在搭建社群矩阵前，先要做好成本预估工作，并且设计好让用户无法拒绝的社交模式，让社群矩阵真正赚钱。

坑4：广告刷屏

社群矩阵搭建起来后，运营者认为用户进群后便不会离开，在社群中无限制地刷广告或闲聊刷屏，导致社群有价值的内容越来越少。用户进入社群，是为了获得有价值的信息，广告刷屏，只会劝退他们，使得社群矩阵崩塌。

坑5：主题偏离

有一些社群，在运营过程中会发生主题偏离的现象。例如，社群建立之初的主题是减肥瘦身，后期却变成了美妆推荐。主题偏离，会导致大量用户流失，需要运营者花费大量时间来引导。

3. 社群IP：打造社群的个性化标签

近几年，"IP" 一词大火，很多运营者开始为自己的社群打造个性化标签，吸引众多用户关注。打造社群IP，运营者可以从社群故事和社群文化两方面入手。

¤ 故事IP ¤

好的故事具有强大的凝聚力，能够为用户建立归属感，为社群赋予生命力。将社群独特的故事打造成社群IP，在故事传播的过程中，用户就会逐渐加深对社群的印象。创作社群故事，运营者先要确定故事类型。常见的故事类型有下面几种：

1. 创业故事

很多奢侈品品牌是讲创业故事的高手。一个品牌，创业的过程是艰辛曲折的，但在这个过程中发生的故事，总是能吸引粉丝的注意力，并为其精神所感动。运营者可以将自己的创业经历，以讲故事的形式传递给用户。

2. 传奇人物故事

传奇人物往往能够引起人们的好奇心和尊敬。当社群中有出彩的人物时，运营者可以将其经历、职业包装成故事，讲给用户听。例如，褚时健将自己的创业故事与褚橙紧密地联系在一起，被人们津津乐道，普通的冰糖脐橙也被称为"励志橙"，赋予了冰糖橙特殊意义，使其销量大增。

3. 风格型故事

为了打造社群差异化，运营者创作故事时，可以塑造自己的风格。用户在看到这种故事风格时，脑海里就会立马浮现你的社群。例如，葡萄酒行业的故事，已经形成了自己的风格。产地、风味、历史、年限、酿造过程、价格等不同元素的搭配，都可以形成自己独特的品牌故事。

Tips：如何创作一个好故事？

简单、真实、有特色的故事，才能长久地吸引用户的注意力。想要创作一个好故事，运营者可以运用下面的方法。

1. 做好前期准备

在创作故事前，运营者要做好故事线索收集、确定目标用户的工作。

收集故事线索：分析社群的特点，挖掘有价值的线索和内容，当作故事素材。

确定目标用户：分析目标用户的兴趣爱好和关注内容，然后投其所好，讲用户爱听的故事。

2. 设定情节

一个故事，可以通过事件、产品和情感三个元素来设定整个框架。例如，借助某个热点事件去讲述故事，在故事中融入某种特定的情感，引起用户的共鸣。

3. 确定传播节奏

故事创作完成后，接下来就需要让用户知道。运营者需要掌控好传播节奏，如日传播计划、周传播计划、月传播计划和年传播计划，尽快让用户耳熟能详。

¤ 文化 IP ¤

一个社群最好的状态，就是内部形成自己独有的文化。一个形成自身文化的社群，对内会具有强聚合能力，对外则具有强文化输出能力。在文化框架下，社群用户会做出最合适的选择。

在运营社群的过程中，社群文化会自发产生。但运营者若不用心经营，文化不仅形成得慢，而且还可能随着时间的推移逐渐消失或变形。

打造社群文化 IP 的方法，如下：

1. 社群标签

明确社群的个性化标签，是打造社群文化 IP 的第一步。就像现在很多明星都喜欢为自己打造人设，如吃货、耿直、有才、顾家等。团队会围绕标签对明星进行包装，让明星的形象鲜活起来，让大众产生深刻印象。个性化标签，就是你给用户留下的社群印象。打造社群标签时，运营者要遵循多元的原则。标签单一，会限制社群的发展模式。

2. 确定社群价值观

拥有相同价值观的人，才能聊到一起。运营者树立社群的价值观，是打造社群文化 IP 的第二步。运营者需要告诉用户，社群倡导哪些行为，哪些行为违背社群理念，出现某种行为该如何解决……树立正确的社群价值观，让用户之间的互动形成自己的"规则"，有利于社群文化的形成。

3. 构建社群亚文化

亚文化，是指社群非主流、局部的文化现象，是对主流文化的一种补充。构建亚文化时，运营者首先应建立群体化认知，然后增加消费内容梯度。

建立群体认知：在社群内部建立一种氛围，让用户对社群形成高度一致的认识，以此建立群体记忆。

增加消费内容梯度：社群消费内容元素越多，越有利于用户分层，方便新用户找到与自己相符的层级。

Tips：秋叶 ppt 的社群文化

秋叶 ppt 社群中聚集了一群非常有才华的 ppt 设计师。为了让大家产生更多脑洞和创意，完成更优秀的作品，社群形成了独特的"调侃"文化。

每当有新成员进入社群后，老成员会主动"调戏"对方，并要求爆照和做自我介绍。在交流时，也会有成员突然发送一些段子或图片，让社群氛围变得热烈起来。

这种社群文化，得到了群成员的一致认同和维护，塑造了轻松的社群氛围，让群成员之间可以愉快和谐地交流。